LOW BUDGET

Thomas Drexel

LOW BUDGET

Wohnhäuser unter 200.000 Euro

Deutsche Verlags-Anstalt München

INHALT

LOW BUDGET –
OPTIMAL BAUEN ZUM GÜNSTIGEN PREIS

PREISGÜNSTIGE HÄUSER IM PORTRÄT

EINFÜHRUNG

Low budget – optimal bauen zum günstigen Preis

Low budget – high quality, so könnte das Motto dieses Buches lauten. Konkurrenzlos preisgünstige Häuser mit hohem Wohnwert und anspruchsvoller Architektur – im Grunde all das, was sich Bauherren wünschen!
Bei allgemein eher zurückgehendem Budget gewinnt die Verminderung der Baukosten eine immer größere Bedeutung. Es ist aber unabhängig von den finanziellen Möglichkeiten immer vernünftig, unnötige Ausgaben zu vermeiden und dennoch auf hohem Niveau zu wohnen.

Das Buch erläutert in ebenso vollständiger wie verständlicher Weise, wie Einfamilien- und Doppelhäuser mit extrem geringem Budget entstehen können, die hinsichtlich ihrer Bau- und Wohnqualität ganz vorne sind. Über 20 vorbildhafte Beispiele repräsentieren den Stand der Dinge in Sachen preisgünstigem Bauen. Die vorgestellten Häuser umfassen eine große Bandbreite unterschiedlicher Bauaufgaben, Bauweisen und Wohnstile – gemeinsam ist ihnen die hohe Qualität der Planung und der Bauausführung. So kommen Familien mit Kindern, Paare und Singles, Jung und Alt zum günstigen Traumhaus.

In allen Häusern steckt eine Menge sinnvoller, teils sehr überraschender und erstaunlich wirkungsvoller Sparideen, die – da bereits erfolgreich in der Praxis erprobt – beste Anregungen für das eigene Bauvorhaben liefern. Das Buch versteht sich als nützlicher »Spar-Wegweiser« von der Wahl des Grundstücks über die Planung und Ausführung bis zum Einzug. Ob loftartiges Wohnen auf einer Ebene oder auf mehreren Geschossen am Hang, ob ökologisches Holzhaus oder villenartiger Massivbau, ob Mehrgenerationennutzung oder Single-Haus, ob gestalterisch geradlinig oder spektakulär, ob in Alleinlage zwischen Wiesen oder eingebunden ins Siedlungsumfeld – eine Vielzahl unterschiedlichster Wohnkonzepte, Nutzungen, architektonischer Stile und Lagegegebenheiten bieten einen reichen Ideenpool für nahezu jede Bausituation.

PREISGÜNSTIG PLANEN – VON ANFANG AN!

Bevor ein Bauprojekt in Angriff genommen wird, sollte die finanzielle Seite stets sehr gewissenhaft betrachtet werden. Umso mehr gilt dies aber dann, wenn ein besonders kostengünstiges Haus entstehen soll. Auch wenn die Rahmenumstände einen schnellen Baubeginn nahe legen, dürfen sich die Bauherren unter keinen Umständen zu vorschnellen Entscheidungen verleiten lassen. Dies beginnt bereits bei der Grundstückssuche: Oftmals wird gerade dabei nicht bedacht, dass die Lage des Grundstücks, die Erschließungssituation, die Geländeverhältnisse, der vorhandene Bauuntergrund und vieles mehr die Baukosten teils beträchtlich beeinflussen können. So müssen bei ungünstiger Erschließung weitere Wege mit entsprechend höherem Material- und Zeitaufwand geplant und gebaut werden, ein schwieriger Bauuntergrund (z.B. Fels) macht außergewöhnliche, finanziell zumeist schwer kalkulierbare Fundamentierungs- beziehungsweise Unterkellerungsarbeiten notwendig. Es ist daher ratsam, bereits zur Besichtigung der Bauparzelle vor der Kaufentscheidung den Planer mitzunehmen. Damit ist am besten zu gewährleisten, dass das Grundstück und das vorgesehene Haus etwa hinsichtlich der Erschließung und der Ausrichtung zur Sonne optimal zueinander passen. Unbedingt vor dem Kauf sollte auch mit den Genehmigungsbehörden abgeklärt werden, welche Bebauung an der Stelle überhaupt zulässig ist. Ist die Möglichkeit gegeben, sollte beim zuständigen Bauamt eine rechtlich verbindliche Bauvoranfrage gestellt werden.

DER BESTE PARTNER: KOSTENKONTROLLE MIT DEM RICHTIGEN ARCHITEKTEN

Für manchen stellt schon der Architekt als solcher ein »rotes Tuch« dar, da er nach landläufiger Meinung den Hausbau unbezahlbar macht. In der Realität ist aber das genaue Gegenteil der Fall – ein guter Architekt ist in aller Regel der beste »Verbündete« gegen die Kostenexplosion am Bau. Auf preisgünstiges Bauen spezialisierte Planer sind zum einen im Projektteil dieses Bandes zu finden, können aber auch anhand interessant erscheinender Referenzobjekte in der eigenen Umgebung »ermittelt« werden. Gute Erfahrungen von Freunden mit ähnlicher Geschmacksausrichtung helfen sehr oft weiter. Wer einen Architekten oder eine Architektin gefunden hat, kann zunächst eine Teilleistung wie beispielsweise die Erstellung der Entwürfe vereinbaren. Während dieser »Probezeit«, nach der dann immer noch der Architektenvertrag abgefasst werden kann, lässt sich gut beurteilen, ob Bauherrschaft und Planer zusammenpassen.

Sein Honorar verdient sich ein(e) kompetente(r) Architekt(in) sozusagen mehrfach zurück: von der Ausfertigung der Entwurfspläne bis hin zur Baueingabe nimmt er die Aufgabe wahr, die Hausplanung auf die Erwartungen der Bauherrschaft, die Gegebenheiten der Lage und der Grundstücksverhältnisse sowie die baurechtlichen Vorgaben abzustimmen. Er gewährleistet, dass gute Architektur entsteht und die Kosten dabei durch eine stringent kostenbewusste Gesamtplanung im Rahmen des vorgegebenen Budgets bleiben. Unwägbarkeiten wie beispielsweise nachträgliche Sonderwünsche der Bauherren kann allerdings auch der beste Architekt nicht vorausahnen!

Dem Planer obliegt die Erstellung der Entwürfe, der Eingabeplanung und der Werkplanung. Im Bauprozess selbst ist die Präsenz des Architekten von noch größerer Bedeutung. Manche – in der Regel natürlich auch kostenrelevanten – Entscheidungen fallen erst im unmittelbaren Vorfeld der Ausführung oder auf der Baustelle. So kann beispielsweise eine technisch einfachere Ausführung des Tragwerks auf einen Schlag schon einmal Kosten in fünfstelliger Höhe einsparen! Voraussetzung für solche Kostensparerfolge ist, dass der Architekt bautechnisch kompetent genug ist, vorhandene Einsparpotenziale gemeinsam mit den Fachbetrieben zu diskutieren und fachlich fundiert begründen zu können. Eine häufige Präsenz vor Ort und ständiger Kontakt mit den Handwerkern sind dabei notwendige Voraussetzungen. Einen in dieser Hinsicht engagierten Architekten nur mit der Planung zu beauftragen und die Bauleitung in Eigenregie zu übernehmen, kann bezüglich der Baukosten eher kontraproduktiv sein. In jedem Fall sollte ein Bauzeitenplan aufgestellt werden, der die auszuführenden Gewerke im einzelnen festhält, chronologisch ordnet und dabei Anfang wie auch Ende der jeweiligen Arbeiten festlegt. Veschiebungen im Bauablauf wird es immer geben, jedoch werden sie sich bei genauer Vorplanung in Grenzen halten lassen. Dies wiederum ist entscheidend für eine effiziente Kostenkontrolle. Der Bauzeitenplan sollte bereits zu Beginn der Planungsphase beginnen und sich bis zum Einzugstermin erstrecken. Ein genau geführtes Bautagebuch ist ferner sehr zu empfehlen, um die tatsächliche Ausführung der Gewerke nach Datum und genauer Uhrzeit festzuhalten. So kann zum einen gegebenenfalls die Richtigkeit von Abrechnungen nachgeprüft werden, zum anderen ist das Tagebuch bei etwaigen juristischen Auseinandersetzungen wegen fehlerhafter Bauausführung ein entscheidendes Hilfsmittel. Von größter Wichtigkeit ist allerdings, dass das Bautagebuch lückenlos geführt wird.

VERNÜNFTIG FINANZIEREN, FÖRDERMÖGLICHKEITEN NUTZEN

Die Finanzierung von Haus und Grundstück hat zunächst einmal natürlich keine Auswirkungen auf die Baukosten als solche, ist aber ein wichtiger Baustein des Projekts Hausbau. Die Zins- und meist auch die Tilgungszahlungen beginnen sofort und belasten entsprechend unmittelbar das Budget der Bauherrschaft. Die voraussichtlichen Baukosten bestimmen das Kreditvolumen und damit die mittel- und langfristigen Belastungen. Insofern sind bei hohem Finanzierungsanteil noch stärkere Sparanreize gegeben als beim

Hausbau mit viel Eigenkapital. Eine Kostenschätzung oder noch besser eine genauere Kostenkalkulation des Architekten stellt eine wichtige Grundlage für den Abschluss des Finanzierungsvertrags dar. Der eingehende Marktvergleich mit Hilfe von Bau- und Finanzzeitschriften (z. B. Der Bauherr, Capital, Finanztest) und dem Wirtschafts- beziehungsweise Immobilienteil großer Tageszeitungen (z.B. Süddeutsche Zeitung, Frankfurter Allgemeine Zeitung, Neue Zürcher Zeitung, Der Kurier) schafft die Voraussetzungen, um die angebotenen Zinssätze und Leistungen der Kreditinstitute adäquat miteinander vergleichen zu können. Für ökologisch engagierte und an gesundem Wohnklima interessierte Bauherren bietet sich ein Gang zur Nürnberger Umweltbank an (Adresse siehe Anhang), die nachhaltiges Bauen mit abgestuften Nachlässen beim Zinssatz belohnt – je nach dem vorgesehenen ökologischen Standard.

Grundlage einer seriösen Finanzierungsberatung sind immer die Offenlegung aller Kosten – einschließlich Bearbeitungsgebühren etc. – und ein genau auf die individuellen Möglichkeiten der Bauherren abgestimmtes Konzept. So wird bei eher geringem Verdienst eine Anfangstilgung von 1 Prozent angemessen sein, während Besserverdienende durchaus mit 2 Prozent Tilgung beginnen können. Die Auflösung des Finanzierungsvertrags bei Nicht-Zustandekommen des Immobilienkaufs und die Möglichkeit für Sondertilgungen sollten unbedingt vertraglich festgeschrieben werden. Der Eigenkapitalanteil sollte bei mindestens 20 Prozent, besser deutlich darüber liegen. In jedem Fall muss das ausgewählte Kreditinstitut auch die öffentlichen Kredite und Fördermöglichkeiten kennen und – sofern die Bewilligungsvoraussetzungen erfüllt sind – in das Gesamtfinanzierungskonzept einbeziehen. Im deutschen Fall sind dies etwa die vergünstigten Darlehen der Kreditanstalt für Wiederaufbau (KfW) und der Landeskreditanstalten, insbesondere bei energiesparendem beziehungsweise ökologischem Bauen existieren weitere Förder- und Zuschussmöglichkeiten. Familien werden bei Einhaltung der vorgeschriebenen Wohnflächenobergrenzen zusätzlich unterstützt. In Österreich bieten einige Bundesländer gezielte Förderanreize für nachhaltiges und ökologisches Bauen. Die in Deutschland, der Schweiz und Österreich geltenden Fördermöglichkeiten bringen Bauherren aufgrund der häufigen Veränderungen am besten über die im Anhang aufgeführten, stets aktualisierten Internetadressen in Erfahrung. Weitere Auskünfte und Förderanträge erteilen die zuständigen Baubehörden. Die im deutschen Fall bis zu bestimmten Einkommensgrenzen gewährte, acht Jahre lang gezahlte Eigenheimzulage von bis zu 1250,- €/Jahr kann bisher von Bauherren für Neubauten und Umbauvorhaben beantragt werden und wird als reiner Zuschuss ausgezahlt (Stand Juli 2005).

ANGEBOTSEINHOLUNG UND BEAUFTRAGUNG DER HANDWERKER

Wie wichtig eine sorgfältige Auswahl der Handwerker gerade unter dem Aspekt des preisgünstigen Bauens ist, zeigt sich in der täglichen Baupraxis immer wieder. Gerade beim Bauen ohne Architekt obliegt den Bauherren selbst die Aufgabe, für jedes Gewerk den günstigsten, aber dabei auch kompetenten Betrieb herauszufinden. Eine fachgerechte Bauausführung kann auch finanziell entscheidend sein, da dies Baumängel, eventuelle juristische Auseinandersetzungen und damit Kostenrisiken verhindert.

Um die Angebote vergleichen zu können, müssen die identischen Positionen enthalten sein, die Leistungen müssen einschließlich der Material- und Arbeitskosten vollständig aufgeführt werden. Vorbehalte wie eine Abrechnung auf Stundenbasis für bestimmte Teilleistungen oder Ähnliches sollten nicht akzeptiert werden. Es ist zu beachten, dass Angebote oft zeitlich befristet sind und bei einer etwaigen Verzögerung des Baubeginns dann unter Umständen aktualisiert werden müssen. Zusätzlich zur genauen Prüfung der Angebote empfiehlt es sich, im Hinblick auf größtmögliche rechtliche Sicherheit Verträge mit den Handwerkern abzuschließen, in denen auch die Angebotssumme mit Mehrwertsteuerausweis, die Gültigkeitsdauer des Angebots und das Angebot selbst als Anlage aufzunehmen sind. Ist ein Architekt beauftragt, übernimmt dieser bei entsprechender Vereinbarung die Einholung der Angebote, überprüft diese und stimmt die Auftragsvergabe mit der Bauherrschaft ab. Wenn Handwerker Abrechnungen übergeben, sind diese in Ruhe nachzuprüfen und nicht »blind« abzuzeichnen.

NEUE WEGE ZUM PREISGÜNSTIGEN BAUEN: VORFERTIGUNG, STANDARDISIERUNG, EINFACHE KONSTRUKTIONEN

Nicht zuletzt aufgrund der Kosten für Arbeitszeit, für die Baustelleneinrichtung (z.B. kostenpflichtige Standzeiten für Gerüste) und teils hohe Übergangskredite, die zwischen dem Abschluss des Finanzierungsvertrags und dem Einzug zu zahlen sind, kommt es in vielen Fällen entscheidend auf eine kurze Bauzeit an. Dies darf jedoch nicht dazu führen, dass Entscheidungen überstürzt getroffen werden, da hierdurch meist weit höhere Gesamtkosten durch zu wenig durchdachte Maßnahmen entstehen. Gut geplant, können aber die Vereinfachung der Herstellungsprozesse und die Verkürzung der Bauzeit sehr wohl wesentlich zur Kostenminimierung beitragen. Insbesondere Leichtbauweise – etwa Holztafelbauweise – eignet sich hervorragend zur Vorfertigung. Hier können ganze Wände und Gebäudeteile in der Werkstatt vorgefertigt werden, durch die Witterungsunabhängigkeit kann es nicht zu Bauverzögerungen kommen. Der »Rohbau« wird dann in der Regel in 1–3 Tagen auf der Baustelle aufgerichtet. Auch Wände und Decken aus Betonfertigteilen eröffnen große Einsparpotenziale, da sie zum einen bezogen auf das Volumen und die Fläche vergleichsweise günstig sind und zum anderen beträchtlich Arbeitszeit einzusparen helfen. Es gilt allerdings stets im Vorfeld zu prüfen, ob die angestrebten Einspareffekte auch unter Einrechnung des meist notwendigen Maschineneinsatzes Bestand haben.

Neben der Vorfertigung birgt auch die Vereinheitlichung von Bauteilen beträchtliches Sparpotenzial. Bestes Beispiel hierfür sind die Fenster: kann der Schreiner mehrere Exemplare in der gleichen Ausführung und mit identischen Abmessungen anfertigen, vereinfacht dies den Herstellungsprozess und senkt damit die Kosten. Folglich gilt es seitens des Planers, mit möglichst wenigen Formaten auszukommen – was übrigens bei guter Anordnung nicht zuletzt der Einheitlichkeit der Fassadengestalt zugute kommt.
Architekt und Handwerker müssen bei der Planung und bei der Ausführung Hand in Hand arbeiten und alle Möglichkeiten bei der Vereinfachung der Konstruktionen ausschöpfen – vom Tragwerk bis zum Einbau der Innentreppen und Innentüren. Eine Treppe mit aufwändiger Tragkonstruktion, mehreren Zwischenpodesten und kunstvoll gedrechselten Antrittspfosten kann das Mehrfache einer einfachen, geraden Holzwangentreppe kosten. Komplizierte Dachtragwerke ziehen meist vermeidbare Mehrkosten für Material und Arbeitszeit nach sich. Unter den geneigten Dachformen schneiden Pultdächer meist am günstigsten ab, aber auch hier gibt es immer weitere Möglichkeiten zur Vereinfachung der Konstruktion.

SPAREN DURCH EIGENLEISTUNG – NACH DEN EIGENEN MÖGLICHKEITEN

Der Einsatz der eigenen Arbeitskraft kann beim Hausbau oder bei der Renovierung große Einsparpotenziale eröffnen, wenn sie entsprechend der fachlichen Kompetenz und der zeitlichen Möglichkeiten eingeplant werden. Sind die Bauherren ohnehin in Bauberufen tätig oder bringen grundsätzlich überdurchschnittliches praktisches Geschick mit, lassen sich durchaus 20 Prozent der Handwerkerleistungen und oft noch beträchtlich mehr selbst erbringen. Insbesondere im Bereich des Innenausbaus ist es sogar möglich, den Großteil der Aufgaben ohne größere Vorkenntnisse problemlos selbst in die Hand zu nehmen.

HANDWERKSARBEITEN UND EIGENLEISTUNG

Bezeichnung der Gewerke	Anforderungen/Eignung für Eigenleistung
Zimmererarbeiten	hohe Anforderungen, Ausführung meist durch Fachbetriebe
Dachdeckerarbeiten	hohe, teils mittlere Anforderungen, aber ggf. Mithilfe möglich; Problem der Haftung beachten (z.B. Feuchteschäden infolge unsachgemäßer Abdichtung)!
Maurerarbeiten	hohe Anforderungen (Ziegelmauerwerk)/Ausführung meist durch Betriebe mittlere bis geringe Anforderungen bei bestimmten Produkten (z.B. Gasbetonsteine im Innenausbau) – bei grundsätzlichem Geschick gut in Eigenleistung möglich
Verputzarbeiten	hohe Anforderungen/Fachkenntnisse unabdingbar
Fliesenlegearbeiten	hohe Anforderungen, nach Anlernphase/unter Anleitung selbst zu machen bzw. Mithilfe möglich
Elektro-, Heizungs- und Sanitärinstallation	wegen fachlicher Schwierigkeiten und aus Haftungsgründen in der Regel vom Fachbetrieb auszuführen
Wandaufbau von Holzhäusern	zumeist geringer Schwierigkeitsgrad/bei fachlicher Anleitung von der Schalungsebene über Lattungen und Winddichtung bis zur Dämmung sehr gut in Eigenleistung möglich – hohes Einsparpotenzial
Innenausbau/ Schreinerarbeiten	Bau und Einbau von Treppen nur mit Fachkenntnissen möglich
Innenausbau/einfach	Leichtbauwände inklusive Dämmung, Verschalung innen mit Gippsfaserplatten/Holz, Verlegen von Holzböden etc. problemlos selbst zu erledigen – hohes Einsparpotenzial
Anstriche	Anstriche auf Putz wie auf Holz problemlos selbst zu machen – hohes Einsparpotenzial
Außenarbeiten	Anlegen von Beeten und Rasenflächen, Einfassungen, einfache Pflasterarbeiten (z.B. Betonplatten, Trittplatten im Rasen), niedrige oder Natursteinmauern mit guter Eignung zum Selbermachen – hohe, vermörtelte Mauern und schwieriges Pflaster (z.B. Granit, Mosaikpflaster) zumeist vom Fachbetrieb auszuführen

Positiv wirkt es sich aus, wenn fachlich begabte Familienangehörige oder Freunde zur Seite stehen. Zumindest »fürs Grobe« können fast alle eingesetzt werden, die ihre Hilfe anbieten. Wo es aber besonders auf genaues Arbeiten ankommt – so bei der Montage des Tragwerks, der luft- und feuchtedichten (aber bitte diffusionsoffenen!) Ausführung der baulichen Hülle, des Dachbereichs und der Anschlüsse und erst recht bei der Verlegung von Elektro-, Sanitär- und Heizungsinstallation – sollten nur Versierte eingesetzt werden.

Umfang und Art der möglichen Eigenleistung sollten schon über die Wahl der Bauweise entscheiden; Holz-Leichtbauweise bietet auch für Laien ein hohes Einsparpotenzial, während die – anteilig an den Gesamtbaukosten mit etwa einem Drittel sehr hohen – Maurerarbeiten zum Großteil wirklich nur von Fachhandwerkern durchgeführt werden können. Stehen im Verwandten- oder im engeren Freundeskreis mehrere ausgebildete Maurer zur Verfügung, sieht die Rechnung unter Umständen anders aus und es kann durchaus über ein Haus in Ziegel-Massivbauweise nachgedacht werden.

Je mehr Zeit zur Verfügung steht, desto mehr kann anteilig am Gesamtarbeitsaufkommen selbst gemacht werden. Da es selten möglich sein dürfte, sich für den Hausbau mehrere Monate am Stück von beruflicher Tätigkeit freizumachen, ist bei großem Eigenleistungsanteil ein längerer Bauzeitraum eher von Vorteil – vorausgesetzt, dem stehen keine hohen monatlichen Belastungen wie etwa durch Überbrückungskredite entgegen. Denn dann ist Zeit im wahrsten Sinne Geld und es ist ratsam, auf einen schnellen, natürlich gut geplanten Bauablauf zu setzen, in den durchaus noch ein kleinerer Eigenleistungsanteil investiert werden kann. Teils können Bauherren heute nach Abstimmung sogar bei der Vorfertigung von Teilen in der Werkstatt mitarbeiten. Ein Teil der Arbeiten kann bei knappem zeitlichem Rahmen gegebenenfalls auch noch nach dem Einzug durchgeführt werden (beispielsweise Ausbau einiger Räume, Innenanstriche).

Ein möglichst reibungsloser und zügiger Bauablauf, der wesentlich über die Gesamtbauzeit mit entscheidet, erfordert den ganzen Einsatz des Architekten. Will die Bauherrschaft die Abläufe selbst koordinieren und kontrollieren, sollten dafür zumindest zwei Stunden pro Tag eingeplant werden, eine möglichst häufige Präsenz auf der Baustelle ist hierbei immer von Vorteil.

Da der Eigenleistungsanteil sich auch in der Finanzierungssumme widerspiegelt, sollten sowohl die persönlichen handwerklichen Fähigkeiten als auch die zur Verfügung stehende Zeit realistisch, also eher zu vorsichtig eingeschätzt werden. Sonst besteht die Gefahr, dass am Ende zu ungünstigen Konditionen nachfinanziert werden muss.

ARCHITEKTUR UND RAUMPROGRAMM FÜR ALLE BEDÜRFNISSE

Ein kompetent geplantes Haus sieht nicht nur besser aus, sondern spart seinen Eigentümern viel Geld durch geringere Baumassen, energieeffiziente Formgebung und eine Grundrissgestaltung, die bei gleicher Fläche ein deutliches Plus an Raumgefühl und Wohnqualität beschert. Jeder unnötige Erker kostet Geld und verschlechtert durch die Vergrößerung der Außenwandflächen die Energiebilanz, während ein geschlossener Baukörper mit den Finanzmitteln sowohl beim Bau als auch im Betrieb vorsichtig umgeht. Ein ungeschickt mitten ins Haus gestelltes großes Treppenhaus oder verwinkelte Flure sind teuer, verschwenden Platz und machen es praktisch unmöglich, vernünftige Raumgrößen und Raumzuschnitte zu realisieren. Dem gegenüber braucht eine geschickt dem Eingang zugeordnete gerade Treppe nur so viel Platz wie nötig, der Flur ist dann meist noch Platz sparend Teil der Erschließungszone. Je besser also der Grundriss, desto besser die Raumausnutzung und desto geringer der Raumbedarf. Somit genügt eine kleinere Wohnfläche, die beträchtlich Kosten spart. Billiger wird der Hausbau ferner auch durch die geschickte Leitungsführung (Elektro, Sanitär etc.) in einem Versorgungsstrang, der bei der Grundrissplanung und dem haustechnischen Konzept entsprechend optimal eingeplant werden muss.

Wie die in diesem Buch vertretenen Beispielobjekte überzeugend belegen, sind günstige Bausummen keineswegs zwangsläufig mit Verzicht auf Wohnerlebnis verbunden und bedeuten nicht, dass man sich in kleinen Zimmern zusammenquetschen müsste. Zusammenhängende Wohn-, Ess- und Kochbereiche bilden zumeist den Mittelpunkt moderner »Spar-Häuser«. Die Vorteile liegen zum einen in der loftartigen Raumwirkung, zum anderen in der Einsparung von unnötigen Innenwänden – ein Beispiel, wie der Zugewinn an Wohnqualität und die Kosteneinsparung Hand in Hand gehen können

WENIGER KANN MEHR SEIN: ÜBERFLÜSSIGES WEGLASSEN, SINNVOLLEN KOMFORT EINBAUEN

Bauherren sollten ihre Wünsche – etwa im Hinblick auf Gesamtgröße, Erschließung, benötigte Räumlichkeiten und Ausstattung – so früh wie möglich detailliert aufstellen und zusammen mit dem Planer auf ihre finanzielle Machbarkeit überprüfen. Eine Checkliste, in der gemeinsam die Wünsche hinsichtlich Wohnfläche, Raumprogramm, Ausstattung etc. festgehalten und mit dem tatsächlichen Bedarf abgeglichen werden, leistet dabei wertvolle Dienste. Hier gilt die Devise, deutlich mehr wegzulassen als hereinzunehmen, denn nur eine gewisse Selbstdisziplin und Selbstbescheidung wird das Erreichen des Sparziels ermöglichen. Bauen auf »Vorrat« ist ein Luxus, der teuer zu Buche schlägt!

Auch wenn es in einer bestimmten Bauphase so aussehen sollte, dass noch Finanzmittel verfügbar sind, so werden diese besser bis zum Ende der Bauarbeiten aufgespart – wenn dann noch etwas Geld für einen Carport oder einen anspruchsvoll gestalteten Garten übrig bleibt, umso besser. Als »überflüssig« können beim kostensparenden Bauen all diejenigen Maßnahmen, Bauteile und Baustoffe angesehen werden, die keinen gestalterischen, funktionalen oder ökologischen Mehrwert gegenüber günstigeren Vergleichsprodukten aufweisen. Im Dachbereich kann ein knapper Dachüberstand, der zumeist ohnehin überdimensioniert geplant wird, gutes Geld an Material und Arbeitskosten sparen. Eine nur am notwendigen Bedarf orientierte Unterkellerung bringt bei Herstellungskosten von bis ca. 1000 Euro je Quadratmeter Kellerfläche leicht fünfstellige Beträge. Lagerraum, der nicht frostfrei sein muss, lässt sich etwa auch in kleinen Schuppen schaffen. Zudem müssen Keller nicht mit hochwertigen Materialien »ausgeschlagen« werden, beschichtete Estrichböden erfüllen ihren Zweck genauso. Carports sind – falls nicht in Luxusausführung – die preisgünstige Alternative zur geschlossenen Garage. Im Innenraum bietet gerade die Sanitärausstattung beträchtliches Einsparpotenzial: insbesondere Glas-Duschkabinen von der Stange sind so teuer, dass es sich immer rentiert, günstigere und zudem individuelle Sonderanfertigungen vom Architekten planen und vom Handwerker einbauen zu lassen. Industrieparkett aus Eiche oder anderen Holzarten ist nicht nur ebenso hochwertig in der Wirkung wie andere Holzböden, sondern sogar noch belastungsfähiger.

Dies soll nicht heißen, dass Luxus im kostengünstigen Haus »verboten« wäre, aber eine Entscheidung für ein etwas teureres Bauteil oder Produkt sollte dann stets durch Verzicht an anderer Stelle kompensiert werden. Es gilt immer das Ziel, auf Kosten, aber möglichst nicht auf Wohnwert und Qualität zu verzichten. Die »Spar-Suche« nach Verzichtbarem kann dann erfahrungsgemäß sogar richtig Spaß machen!

ES MUSS NICHT IMMER MARMOR SEIN: MATERIALIEN UND BAUSTOFFE, DIE NICHT DIE WELT KOSTEN

Wie teuer ein Produkt letztlich ist, hängt nicht nur vom Materialpreis, sondern häufig sogar noch mehr von den zum Einbau nötigen Arbeitskosten ab. So bedürfen grundsätzlich relativ preisgünstige Betondachsteine einer aufwändigeren und damit teureren Unterkonstruktion als etwa Faserzementwellplatten. Farbiges Glas ist an sich kein günstiges Material, kann aber als Ersatz für Wandfliesen in der Endabrechnung aufgrund der geringen Zeitbedarfs für den Einbau deutliche Vorteile verbuchen. Daher gilt es stets, Materialpreis und Arbeitskosten zusammen zu betrachten und erst auf dieser Grundlage endgültig über den Baustoff der Wahl zu entscheiden.

Die folgende Aufstellung gibt einen Überblick über wichtige kostengünstige Baustoffe und Produkte:

Baustoff/Produkt	Einsatzbereich/Verwendung	Eigenschaften
Holztragwerk	in Holzriegel-/ Holzrahmen-/ Holztafelbauweise	günstig wegen guter Eignung für Eigenleistung bzw. Vorfertigung
Betonfertigteile	Wände außen und innen Bodenplatten, Decken etc.	preisgünstig in Material und Arbeitszeitbedarf
Textilvliese	Fassadenverkleidung	extrem preisgünstig, sehr gut für Eigenleistung geeignet
Strohballen Hobelspäne	Dämmung von Wänden, Böden, Decken, Dachbereich	bestens für Eigenleistung geeignet, geringes Gewicht, sehr gute Dämmwirkung, sehr günstiger Preis, nachhaltige Baustoffe
OSB-Platten	Aussteifende Verkleidung von Fassaden und Innenwänden, als Fußbodenunterbau etc.	sehr preisgünstig, bestens fürs Selbermachen geeignet
Lärchenholz	Fassadenverkleidung, Balkon- und Terrassenroste, Bodenbeläge	witterungsresistent, dafür vergleichsweise preisgünstig, im Außenbereich unbehandelt einsetzbar, natürlich vergrauend
Faserzementplatten	Fassadenverschalung	witterungsresistent, in verschiedenen Farben angeboten
Faserzementwellplatten	Dachdeckung	geringer Materialpreis und geringer Verlegeaufwand, in unterschiedlichen Farbtönen angeboten, geeignet für Dächer mit mindestens 7% Neigung (bei entsprechender Abdichtung)
Wellbleche, Trapezbleche aus Aluminium, verzinktem Stahlblech etc.	Dachdeckung Fassadenverschalung, Aluminium auch als Abdichtung bei Flachdächern	geringer Materialpreis und geringer Montageaufwand
Industrieparkett	Bodenbelag im Innenraum, in Wohn-, Schlaf- und Funktionsräumen	sehr widerstandsfähig

GEWUSST WO: PREISGÜNSTIGE BEZUGSMÖGLICHKEITEN

Werden Gewerke in Eigenleistung erbracht, müssen oder können sich die Bauherren zusammen mit ihrem Planer auf die Suche nach dem günstigsten Anbieter der Baustoffe machen. Manchmal sind auch im konventionellen Baumarkt Schnäppchen zu finden, wenn es etwa um Sonderposten für Badausstattung oder Ähnliches geht. Im Normalfall lohnt aber der Weg zum gut sortierten Baufachmarkt, denn die Preise sind im Durchschnitt deutlich günstiger. Eisenwaren – von der Schraube bis zum Dach- und Fassadenblech – haben im Baumarkt teils eher den Preis von Luxusgütern, große Eisenhandlungen sind hier die bessere Adresse. Dort können meist auch Schrauben, Kammnägel und anderes Zubehör als lose Ware in großen Stückzahlen gekauft werden, was den Preis weiter vermindert. Daneben gibt es heute zahlreiche Möglichkeiten, im Internet über Suchmaschinen für günstige Baustoffe oder direkt über Großhändler und Anbieter günstig an Baustoffe zu gelangen. Zahlreiche Adresshinweise im Anhang dieses Buches weisen hier den Weg (siehe Seite 142).
Auch bei Arbeiten, die an Fachbetriebe vergeben wurden, kann nach Einsparmöglichkeiten bei den Materialpreisen gesucht werden. Die Handwerker sollten durchaus bereit sein, die eine oder andere günstige Erwerbung der Bauherren zu montieren.

»SMALL HOMES« UND BAUKASTENPRINZIP – GÜNSTIG UND ERWEITERBAR PLANEN

Vor allem jüngere Menschen, Paare und Singles wünschen sich häufig eigene vier Wände, ohne den Raumbedarf einer Familie mit mehreren Kindern zu haben. Nicht selten ist es auch das Ziel, zunächst mit knappen Mitteln auszukommen und einen Teil der Ausgaben auf einen späteren Zeitpunkt zu verschieben, wenn größere Investitionen leichter möglich sind. Hier bieten sich Kleinhäuser mit einer relativ geringen Wohnfäche von ca. 70–100 Quadratmeter an. Wenn die Zukunftsplanung noch offen – und etwa Kinderzuwachs noch möglich – ist, sollte auch das kleine Heim im Idealfall auf Erweiterungsfähigkeit angelegt sein. Dazu werden schon bei der Planung die Bebaubarkeit umfassend geklärt, die entsprechenden Flächen mit eingeplant und die Konstruktion, die Fassadengestalt, der Grundriss sowie die haustechnische Installation für spätere Anbaumaßnahmen vorbereitet. Eine witzige, aber sicherlich für die wenigsten Bauherren in Frage kommende Variante des ultrakompakten Hauses sind so genannte »mobile homes«, die bei Bedarf auf einen Sattelschlepper geladen werden und so einfach mit umziehen können.
Zwei vorbildlich gelungene Beispiel für kompakte Single-Häuser finden sich in diesem Buch auf den Seiten 42–49 und 136–141.

KOSTEN SPAREN BEIM UNTERHALT

Auch wenn für die Bauherrschaft – wie in diesem Buch – zunächst die Höhe der Baukosten im Vordergrund steht, sollten die Kosten im laufenden Betrieb nicht außer Acht gelassen werden. Ein Teil davon kann durch sinnvolle Planung stark vermindert werden. Mit zeitgemäßer Dämm- und Energietechnik sowie ökologischen und wohngesunden Materialien ist das Haus sparsam, werthaltig und zukunftssicher. Es hat beispielsweise wenig Sinn, aus kurzfristigen Kostenerwägungen eine Ölheizung statt etwa einer Holzpelletheizung einbauen zu lassen, denn die immer weiter steigenden Betriebskosten können die noch vorhandenen Preisvorteile bei der Anschaffung in wenigen Jahren »auffressen«. Auch eine mit nachwachsenden Rohstoffen hoch gedämmte Hülle kostet zunächst etwas mehr als der vorgeschriebene Mindest-Niedrigenergiestandard, macht sich aber bereits in kurzer Zeit durch Einsparungen bei den Heizkosten und nebenbei auch durch ein deutlich angenehmeres Raumklima bezahlt. Der Einbau von Solaranlagen – Kollektoren zur Warmwasserbereitung und Heizungsunterstützung, Fotovoltaik zur Stromerzeugung – spart Ressourcen und Finanzmittel. So amortisieren sich Fotovoltaikanlagen aufgrund der vertraglich festgeschriebenen Einspeisevergütungen der Strombetreiber für den privaten Bauherrn meist bereits nach etwa der Hälfte der festgesetzten Laufzeit und werfen in der Folge Gewinn ab (Stand Juli 2005). Eine sinnvolle ergänzende Maßnahme ist insbesondere bei steigenden Wasserpreisen und hohem Wasserbedarf, wie er insbesondere bei vielköpfigen

Familien und großen Gärten vorliegt, der Bau einer Regenwasserzisterne. Das so gesammelte Niederschlagswasser kann für die Toilettenspülung, die Waschmaschine und die Gartenbewässerung verwendet werden, die Abwassergebühren lassen sich so meist ebenfalls senken. Eine umweltfreundliche Fassadenverschalung aus unbehandelter Lärche oder Douglasie ist bei der Anschaffung etwa genau so teuer wie farbig behandelte Fichte, erspart aber in der Folge kosten- und zeitintensive Unterhaltsarbeiten. Die ökologischere und nachhaltigere Investition ist in aller Regel also gleichzeitig die im Endeffekt ökonomisch vernünftigere.

Wie die in diesem Buch präsentierten Wohnhäuser zeigen, hat die mittel- und langfristig rentable Entscheidung gegenüber der kurzfristig günstigeren und damit aber meist auch kurzsichtigen Sparmaßnahme klare Vorteile. Gespart werden sollte besser bei unnötiger Ausstattung ohne reellen ökonomischen Gegenwert!

Dieses von k_m architektur geplante, traumhafte Einfamilienhaus verdankt seinen günstigen Preis von unter 200 000 Euro unter anderem der bei Planung und Innenausbau erbrachten Eigenleistung.

198.000 EURO

GROSSZÜGIGES DUO-HAUS MIT SCHWIMMTEICH

Ein Haus für ein Ehepaar in der Ostalb

Nicht selten herrscht das Vorurteil, dass günstige Häuser zwangsläufig einen geringen Komfort bieten. Sieht man sich das Wohnhaus von Nicole und Alexander Männer an, so scheint genau das Gegenteil der Fall zu sein.
Auf dem Restgrundstück des elterlichen Anwesens war noch ein schmaler, jedoch sehr langer Streifen übrig, der auch bebaut werden durfte. Mit der nicht ganz leichten Aufgabe, hier ein Gebäude mit hohem Wohnwert und architektonischem Anspruch zu planen, beauftragte man den Stuttgarter Architekten Thorsten Ruppe. Gemeinsam mit den Bauherren entstand ein genau auf die Ansprüche und örtlichen Gegebenheiten zugeschnittener Entwurf.

EIN ZEITGEMÄSSES »LANG-HAUS«

Um den ausgeprägt schmal-länglichen Zuschnitt der Bauparzelle bestmöglich auszunutzen, nimmt auch das Haus diese Grundform auf. Auf den beiden Traufseiten wurden die zulässigen Grenzabstände weitgehend ausgenutzt. Ein holzgedeckter Weg führt entlang der Nordostseite zum Eingang und setzt sich als Terrasse um das Haus herum fort. Beim Eintreten öffnet sich linker Hand der weite Blick durch den Flur in den Wohnbereich und in den Garten. Geradeaus führt der Weg in die Koch- und Esszone, über die sich eine Relax- und Fitness-Galerie spannt. Auf der kühleren, schattigeren Nordostseite wurde im Obergeschoss das Schlafzimmer untergebracht.
Im südwestlichen Abschnitt bis zum First geöffnet, wirkt das Erdgeschoss ausgesprochen groß. Die Verglasung des südwestlichen Giebels holt viel Licht ins Obergeschoss, sorgt mit ihren außen liegenden, waagerecht montierten Holzlamellen aber auch für effektiven und zudem kostengünstigen Sonnenschutz.

Links: Blick vom Carport entlang der Westseite des Hauses.

Rechte Seite: Die Südseite des Hauses mit großzügigen Holzdecks und Schwimmteich

Die Ostseite stellt sich eher geschlossen dar und weist nur die notwendigsten Belichtungsöfnnungen auf.

RUND UM DEN »NATUR-POOL«

Von der nach Südwesten orientierten Terrasse können Nicole und Alexander Männer direkt in den 14 Meter langen Schwimmteich springen, der in seinem nordöstlichen Bereich mit Wasserpflanzen versehen ist und durch diese gereinigt wird. Um das Becken in dieser Länge verwirklichen zu können, wurde er zur Hälfte auf dem Grundstück der Eltern angelegt, die nun gerne daran partizipieren. In der warmen Jahreszeit sind ferner häufig Freunde und Verwandte zu Gast, die mit den Hausherren zusammen feiern.

HANDWERKSGESCHICK UND KOSTENBEWUSSTE PRODUKTAUSWAHL

Das Betonieren des Wasserbeckens wie alle übrigen Betonarbeiten übernahmen die Bauherren selbst. Die Unterstützung der zahlreichen Verwandtschaft trug nicht unwesentlich dazu bei, die Arbeitskosten bei den verschiedenen Baumaßnahmen zu verringern. Dies schuf – zusammen mit grundsätzlich sehr bewusster Kostenkontrolle – in einigen Bereichen sogar Spielraum für Maßnahmen, die normalerweise nicht unbedingt zum Kanon beim günstigen Bauen

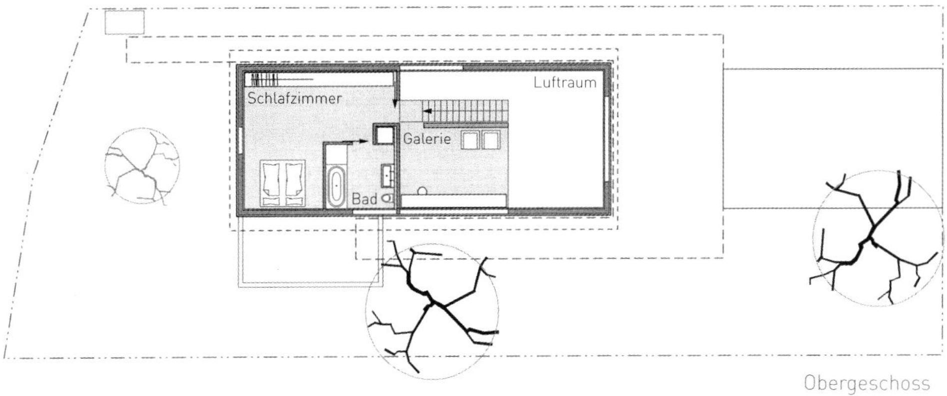

Obergeschoss

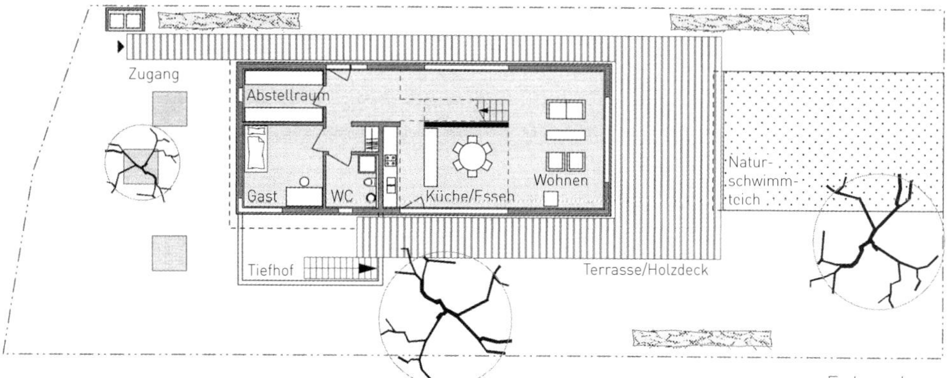

Erdgeschoss

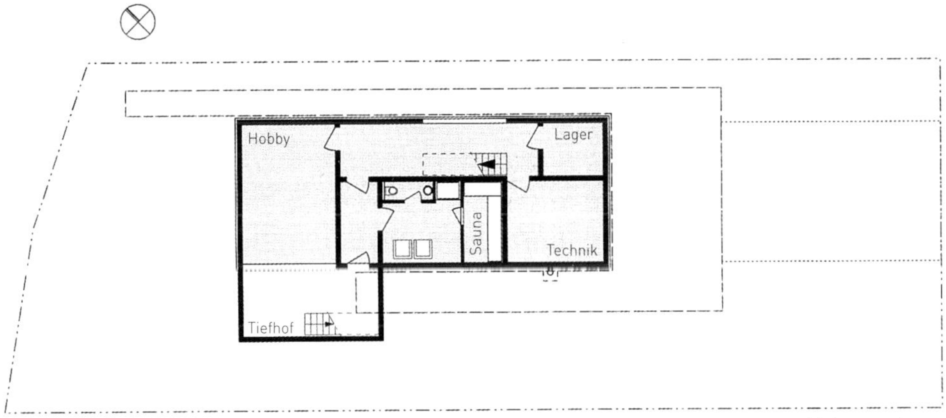

Untergeschoss

zählen, so etwa den Schwimmteich. Eine komplette Unterkellerung erlaubte es, im Untergeschoss neben Funktionsräumen noch eine Sauna und einen – heute als Gästezimmer genutzten – vollwertigen Raum einzuplanen. Neben der Eigenleistung stand auch eine bereits von Anbeginn der Planung verfolgte Auswahl der eingesetzten Baustoffe und Materialien nach ihren Kosten. Im Zweifelsfall fiel in der Regel stets die Entscheidung für das preisgünstigere Produkt beziehungsweise den günstigeren Hersteller. Die Faserzement-Wellplatten erfüllen ihre Funktion genauso gut wie deutlich teurere Bedachungsmaterialien, das im Erdgeschoss verlegte Industrieparkett ist ebenso preisgünstig wie belastungsfähig.

Konsequent in der Farbkombination von dunklem Rot und Anthrazitgrau gehalten, die im Hausinneren noch durch reines Weiß ergänzt wird, strahlt das Wohnhaus auch durch seine Form gestalterische Souveränität aus. Das loftartige Innenraumgefühl macht vollends vergessen, dass es sich um ein vorbildhaftes Beispiel für kostengünstiges Bauen handelt.

Linke Seite: Der Wohnraum mit nach hinten anschließendem Ess- und Kochbereich mit Blick zur Galerie.

Rechts oben: Die Platz sparend angeordnete Treppe zum Obergeschoss ordnet sich dem Gestaltungsprinzip der Transparenz unter.

Rechts unten: Blick durch den Wohnraum nach Süden. Die außenseitig an der Giebelverglasung angebrachten Holzlamellen sorgen durch ihre Neigung für Sonnenschutz im Sommer und für optimale Belichtung und Erwärmung im Winter.

BAUDATEN

Standort: bei Schwäbisch-Gmünd/ Baden-Württemberg
Bauzeitraum: 1998–2000 (ca. 20 Monate mit Unterbrechungen)
Wohnfläche: ca. 160 m²
Grundstücksfläche: 585 m²
Kostensenkende Faktoren: klare Grundrissgliederung, Einsparung bei Baumassen (z.B. durch geringe Firsthöhe), konsequente Auswahl kostengünstiger Materialien und Produkte (z.B. Industrieparkett, Faserzementwellplatten als Dachdeckung), Eigenleistung (ca. 30% der Handwerkerleistungen)
Baukosten: ca. 198.000 Euro

ADRESSE DER ARCHITEKTEN

Thorsten Ruppe
Stitzenburgstraße 16
D-70182 Stuttgart
Telefon 07 11-3 05 62 34
mail@ruppearchitekten.de

ARCHITEKTUR, INSPIRATION UND ENERGIEEFFIZIENZ

Ein Haus für eine Familie mit Kind

Die Bauherren ließen ihren Architekten, Daniel Sauter, zu keinem Zeitpunkt im Unklaren über ihre Ansprüche an das zu planende Wohnhaus: Es sollte nicht nur die Raumansprüche einer Familie mit Kindern bequem erfüllen, sondern dabei gleichzeitig auch sehr kostengünstig und mit einem zukunftssicheren Energiekonzept ausgestattet sein. Eine außergewöhnliche Architektur und ein außergewöhnliches Wohnerleben waren die zwingend geforderten »Zugaben«. Bei der Betrachtung des Endergebnisses entstand für alle Betrachter nachvollziehbar ein großzügiges Einfamilienhaus, das von seiner Erscheinung her eher einer modernen Villa als den landläufig angebotenen günstigen Wohnhäusern ähnelt.

BESCHÜTZTE GARTENSITUATION

Das zweigeschossige Wohnhaus bildet zusammen mit einem im rechten Winkel angebauten Nebengebäude, das den Garten- vom Straßenraum separiert, eine gestalterische Einheit. Die lang gestreckten Grundflächen und die horizontale Ausrichtung der Fassadenverschalung unterstreichen diese Wirkung zusätzlich. Durch die Gebäudeanordnung ergab sich eine besonders attraktive Innenhofsituation, die die Aufenthaltsqualität des Gartens noch erhöht. Die Fassade des Hauptgebäudes besteht aus anthrazitfarbenen Faserzementtafeln und verglasten Flächen. Geschlossene Abschnitte dominieren insbesondere auf der »kalten« Nordseite, während nach Süden beide Wohnebenen durchgehend geschosshoch verglast sind. Im Winter »tankt« das Gebäude so Sonnenwärme und spart infolge dessen einen Teil der sonst benötigten Energie ein. Das lärchenholzverschalte, eingeschossige Nebengebäude mit Garage, Heizungsraum, Abstellraum und Speisekammer ermöglichte es, vergleichsweise preisgünstigen Lagerraum zu schaffen und auf eine teure Unterkellerung zu verzichten.

ANSPRUCHSVOLL WOHNEN MIT HOCHWERTIGEN MATERIALIEN

Die Forderung der Bauherrschaft nach einem sehr preisgünstigen Haus bedeutete in diesem Fall keineswegs, auf hochwertige Materialien und Innenarchitektur zu verzichten. Die Fußbodenbeläge bestehen aus geräucherter Eiche, das als kostengünstiges und gleichzeitig belastungsfähiges Industrieparkett eingebaut wurde. Dass auch die Treppe zwischen Erdgeschoss und Obergeschoss in geräucherter Eiche hergestellt wurde, schafft gestalterische Einheitlichkeit und fügt die beiden Wohnebenen visuell zusammen. Im Bad

Linke Seite: Ansicht von Südwesten.

Unten: Die dem Garten zugewandte Südfassade mit ihrer sehr klaren Strukturierung ist auf beiden Wohnebenen geschosshoch verglast.

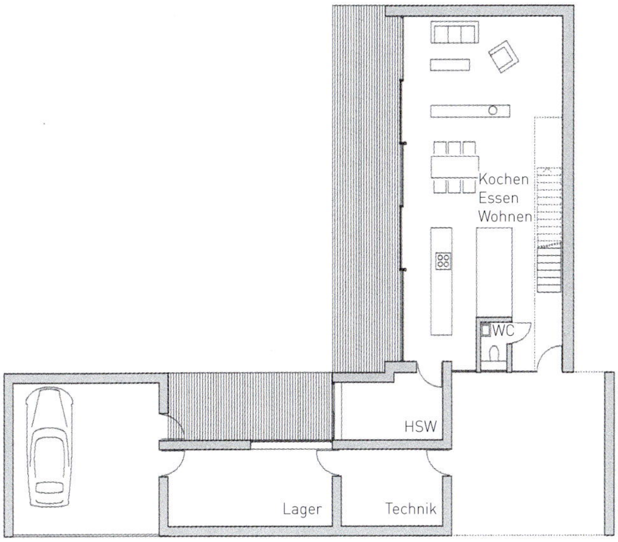

Erdgeschoss

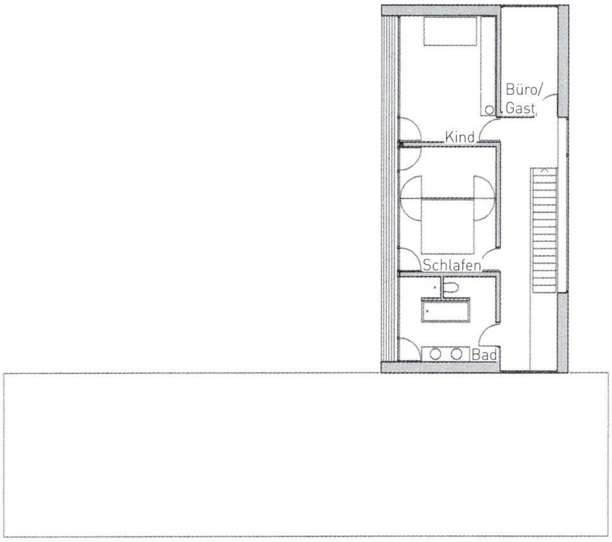

Obergeschoss

des Obergeschosses wurde Schiefer als Bodenbelag sowie als Material für die Waschtische verwendet. Der als Raumskulptur gestaltete offene Kamin im Wohn- und Essbereich bildet den ästhetischen Mittelpunkt des Erdgeschosses. Der vielleicht wichtigste »Wohlfühlfaktor« dürften aber die großen Glasflächen sein, die die Räume von Süden mit reichlich Helligkeit versorgen. Außen liegende Aluminium-Jalousetten sorgen für variabel einstellbare Beschattung.

KOSTENGÜNSTIG GEBAUT, SPARSAM IM BETRIEB

Die mit konventionellen Materialien hoch gedämmte Fassade wurde im Hinblick auf die Fugen- und Luftdichtigkeit optimiert und minimiert die Wärmeverluste beträchtlich. Das Haus ist also nicht nur hinsichtlich der Baukosten, sondern auch der künftigen Betriebskosten extrem kostengünstig. Den zusätzlich nötigen Energiebedarf deckt eine Gaszentralheizung, in der Übergangszeit wird der gesamte Koch-, Ess- und Wohnbereich im Erdgeschoss allein durch den offenen Kamin erwärmt. Auf dem Dach des Wohnhauses installierte Sonnenkollektoren tragen zur Brauchwassererwärmung bei.
Staunenswert sind bei diesem sehr kostengünstigen Wohnhaus nicht nur die repräsentative moderne Architektur und der durchgehend außergewöhnliche Innenraumeindruck, sondern auch die hohe Energieeffizienz, die einen sehr kostengünstigen Betrieb garantiert.

Linke Seite: Der quer zum Hauptgebäude orientierte eingeschossige Baukörper nimmt Garage, Lager-, Hauswirtschafts- und Technikraum auf.

Links und rechte Seite unten: Im Erdgeschoss schafft die Durchgängigkeit der Raumstruktur eine außergewöhnliche Wohnqualität. Der als Raumteiler konzipierte offene Kamin besitzt sogar ein seitlich integriertes Lagerfach fürs Brennholz.

Rechte Seite oben: Blickachse vom Badezimmer des Obergeschosses in den Garten.

BAUDATEN

Standort: Vorarlberg/Österreich
Bauzeitraum: 2004 (5 Monate)
Wohnfläche gesamt: ca. 150 m²
Grundstücksfläche: ca. 1000 m²
Kostensenkende Faktoren: Eindeutige Gebäudeform und durchgehendes Konstruktionsraster, Flachdach mit Bitumenabdichtung, Verwendung einheitlicher Bauteile, Verzicht auf eine Unterkellerung, Einsparung von Investitionskosten beim Heizsystem durch optimale passive Solarenergienutzung mittels Gebäudeorientierung und Fassadengestaltung sowie hochgedämmte und dichte Ausführung der baulichen Hülle
Baukosten gesamt brutto: unter 200.000 Euro

ADRESSE DER ARCHITEKTEN

k_m architektur

Büro Bregenz (Österreich)
Daniel Sauter
Glockengieße 2
A-6900 Bregenz
Telefon: 00 43-(0)55 74-8 28 38
Fax: 00 43-(0)55 74-8 30 17
k_m architektur@aon.at
www.k-m-architektur.com

Büro Lindau (Deutschland)
Daniel Sauter
Hochbucher Weg 58
D-88131 Lindau
k_m architektur@aon.at
www.k-m-architektur.com

198.000 EURO

IN WEITER WIESENLANDSCHAFT

Ein Einfamilienhaus in Vorarlberg

Das Wohnhaus der Familie Zwischenbrugger passt sich bei zeitgemäßer Formensprache vollendet in die Vorarlberger Landschaft mit Wiesen und Obstbäumen ein. Die mit sägerauen Brettern verschalten Fassaden tragen das Ihrige dazu bei, Haus und Umgebung zusammenzufügen. Von dem den Hang hinauf verlaufenden kleinen Sträßlein führt ein langer Zugangssteg vorbei an der Garage zum Hauseingang.

EIN HOLZQUADER VON SCHWEBENDER LEICHTIGKEIT

Links des Eingangs befindet sich – geschützt zwischen Haus und Nebengebäude – eine direkt von der Küche aus zugängliche Frühstücksterrasse, die besonders im Sommer auch zum schattigen Aufenthalt tagsüber genutzt wird. Das Pendant dazu auf der Südseite bildet eine weitere Terrasse, die dem Wohn- und Essbereich zugeordnet ist. Obgleich auf Erdgeschossniveau gelegen, gleicht dieser Sitzplatz doch einem Hochsitz mit weitem Ausblick auf die südlich und westlich gelegenen Wiesen und Wälder. Beide Terrassen, die in naher Zukunft durch eine Dachterrasse auf dem Garagengebäude ergänzt werden sollen, bieten über Außentreppen direkten Zugang zum Garten.

Die ebenerdige Verbindung zwischen der Straße und der Erdgeschossebene ist nicht nur sehr komfortabel, sondern spart auch Kosten für die Überwindung von Höhenunterschieden. Der brückenartige Zugangssteg bindet Haupt- und Nebengebäude zusammen und verlängert die Gebäudeteile visuell zu einer lang gestreckten Einheit. Dass das kellerlose Wohnhaus auf Betonstützen ruht, mindert die Bodenhaftung der Architektur und gibt dem Gebäude trotz seiner strengen Quaderform einen leichten Charakter.

»SPIELFELD« UND OFFENE INNENRÄUME

Vom Eingangswindfang, den eine Innentüre vom übrigen Wohnraum trennt, geht es direkt in den südseits untergebrachten Wohn-, Ess- und Kochbereich, der lediglich durch den Korpus der Einbauküche untergliedert wird. Ansonsten dominiert der wohltuende Eindruck eines großzügigen Aufenthaltsraums ohne Sichtbarrieren. Die kleine Tochter Anna hat nahe beim großen Fenster ihren Lieblingsplatz in der Kuschelecke gefunden. Die über die großen südlichen Glasfronten einstrahlende Helligkeit kommt auch den Schlaf- und Kinderzimmern im oberen Geschoss zugute. Viele aus

Links: Gesamtansicht des Wohnhauses und des straßenseitig vorgelagerten Garagen- und Lagergebäudes.

Rechte Seite: Das Wohngebäude von Nordwesten. Links der zum Hauseingang führende Zugangssteg.

Links: Detail der Eingangsfassade.

Rechte Seite: Auf der Südseite prägen große, durch Jalousetten verschattbare Fensterflächen und Sonnnenkollektoren das Bild.

Linke Seite oben: Blick vom Obergeschoss zum Kochbereich. Links der Durchgang zum Eingangsflur.

Linke Seite unten links: Freie Durchblicke und raffiniert gesetzte Belichtungsöffnungen wie hier im Obergeschoss sind ein wichtiger Bestandteil des Architekturkonzepts.

Linke Seite rechts unten: Die Treppe zum Obergeschoss mit ihrer harfenartigen, sehr filigran wirkenden Stahlbrüstung.

Rechts oben: Das Elternschlafzimmer im Obergeschoss ist nach Süden orientiert. Die – von den Bauherren selbst angebrachte – Wandverschalung aus massiven Fichtenplatten fügt eine zusätzliche wohnliche Note ein.

Rechts Mitte: Ausblick vom Wohnbereich durch Panoramascheiben.

Rechts unten: Fensterbänder wie hier im Erdgeschoss heben die Konturen der Landschaft hervor.

Holz-Dreischichtplatten gebildete Raumabteilungen – so etwa für den begehbaren Kleiderschrank im Elternschlafzimmer oder für die Heizungsanlage und Haustechnik im Erdgeschoss – schaffen Lagermöglichkeiten und blenden unattraktive Elemente aus. Die mit Lehmfarbe gestrichene Innenwände insbesondere im Erdgeschoss wirken wohltuend erdverhaftet und verbessern das Wohnraumklima.

GESTALTEN MIT GLAS

Der Architekt Walter Unterrainer hat mannigfache transparente »Bilderrahmen« in die Fassade geschnitten, die beim Essen, beim Baden und beim Saunen wunderschöne Naturpanoramen freigeben und die Geländemorphologie unterstreichen. Eine bruchsichere Verglasung lässt im Obergeschoss den Durchblick von der Erschließungsgalerie zum Ruheplatz, der der Entspannung nach dem Saunaaufenthalt dient, und weiter auf die Dachterrasse und die nördlich gelegene Umgebung zu. Auch ansonsten spielt Glas in der Innenarchitektur eine wichtige Rolle. In dunkelroter Ausführung kommt es sowohl in der Küche als auch im Badezimmer zum Einsatz, wo es harmonisch mit dem Weiß der Küchenfronten beziehungsweise dem Naturton des Holzes und dem farblosen Glas der Duschkabine zusammenwirkt. Anstelle von Fliesen eingebaut, brachte das farbige Glas – obgleich an sich nicht als günstiger Baustoff zu bezeichnen – neben dem gestalterischen Effekt durch die eingesparte Arbeitszeit von Handwerkern auch eine deutliche Senkung der Baukosten mit sich.
Inmitten einer unberührt erscheinenden ländlichen Idylle fügte sich ein neuer, gleichermaßen architektonisch ansprechender wie unaufdringlicher Baukörper harmonisch ein. In Konstruktion und Bauweise auf den sparsamen Umgang mit Material und die Einbringung von Eigenleistung abgestimmt, entstand ein – nicht zuletzt angesichts der architektonischen und innenarchitektonischen Qualität - beeindruckend preisgünstiges Haus für eine junge Familie mit Kind(ern).

BAUDATEN

Standort: Vorarlberg
Bauzeitraum: 2004 (8 Monate)
Wohnfläche: 131 m²
Grundstücksfläche: 700 m²
Kostensenkende Faktoren: einheitliches konstruktives Raster, klare Grundrissgliederung (dadurch u.a. sparsame Verlegung von Installationsleitungen), Massereduktion (z.B. durch Stahlbetonstützen auf Punktfundamenten), keine Unterkellerung, Verwendung einheitlicher Bauteile (z.B. Fenster), günstige Baumaterialien (z.B. Holz-Dreischichtplatten), grundsätzlich Verzicht auf Entbehrliches (z.B. keine überflüssigen Innenwände), einfache Aufbauten, Eigenleistungsanteil (ca. 30% der Handwerkerleistungen)
Baukosten gesamt brutto:
ca. 198.000 Euro (ohne Nebengebäude)

ADRESSE DES ARCHITEKTEN

Walter Unterrainer
Atelier für Architektur
Marktgasse 17
A-6800 Feldkirch
Telefon: 0043-(0)5522-7 46 84
office@architektur-unterrainer.com

Linke Seite: Weiß, Rot und der Naturton des Holzes bilden in der Küche wie auch im Bad des Obergeschosses den bestimmenden Farbendreiklang. Die Scheiben aus dunkelrotem Glas ließen sich weit schneller verlegen als Fliesen und verleihen der Innenarchitektur eine außergewöhnliche Qualität.

SPEKTAKULÄR UND ENERGIEEFFIZIENT

Ein Einfamilienhaus mit modern gestaltetem Wintergarten in Niederösterreich

Durch die Lage an überwiegend steilen Hängen geprägt, stellt sich der Großteil der Häuser in dem niederösterreichischen Dorf zumeist eher unauffällig dar. In den vergangenen Jahrzehnten entstandene Siedlungsgebiete dominieren und prägen den Gebäudebestand, historische Bauernhäuser und Denkmäler bilden nur noch den Hintergrund. Architektonische Höhenflüge waren bis vor wenigen Jahren die Ausnahme – und die Etablierung mutiger neuer Architektur im Ort kostete Bauherren und Planer viel Durchhaltevermögen. Heute jedoch ist das Haus der Familie Kirchweger nicht nur akzeptiert, sondern auch bestens in den Ort »integriert«.

Unten: Gesamtansicht von Südwesten

Unten: Ein Haus mit Sonnenhunger: Frontalansicht der Südseite, die vollständig von der Fassade des Wintergartens eingenommen wird.

EIN MODERNES ARCHITEKTURELEMENT ALS ENERGIEZENTRALE

Das Konzept des Architekten Ernst Michael Jordan hatte zum Ziel, ein Wohngebäude mit innovativer Architektursprache für eine Familie zu bauen, das aber auch energietechnisch hoch effektiv sein sollte. Dazu wurde an einer Hangkante ein »Haus mit zwei Gesichtern« geplant, dessen nördlichen Bereich ein aus weißen Kuben und Dreiecksformen »zusammengesetzter« Ziegelmassivbau bildet. Ein exakt nach Süden ausgerichteter keilförmiger Wintergarten mit Holztragwerk dockt gleichsam daran an. Der allseitig transparente, den Nordtrakt überragende Glasanbau erfüllt mit seiner extremen Dachneigung von 70 Prozent optimal die Voraussetzungen, um bestmöglich zu passiven solaren Energiegewinnen beizutragen. In die Glasfassade integrierte Luftkollektoren erzeugen Energie für die Warmwasserbereitung und die Heizung. Ein Steinspeicher im Untergeschoss sammelt die Energie und gibt sie bedarfsgerecht wieder ab. Der Wintergarten wirkt gerade bei winterlichem Sonnenschein als technisch optimiertes »Treibhaus«, das die hoch erwünschte kostenlose Wärme sammelt und je nach Bedarf an das übrige Haus abgibt. Die massiven Wände übernehmen dabei die Rolle von Wärmespeichern, die ihr thermisches Potenzial nach und nach wieder an die Raumluft abgeben. Die Wärmeverteilung im Haus kann durch das Öffnen der Fenstertüren sowohl im Wohn, Koch- und Essbereich als auch im Obergeschoss erfolgen. Bei sehr niedrigen Außentemperaturen und fehlendem Sonnenschein in der kal-

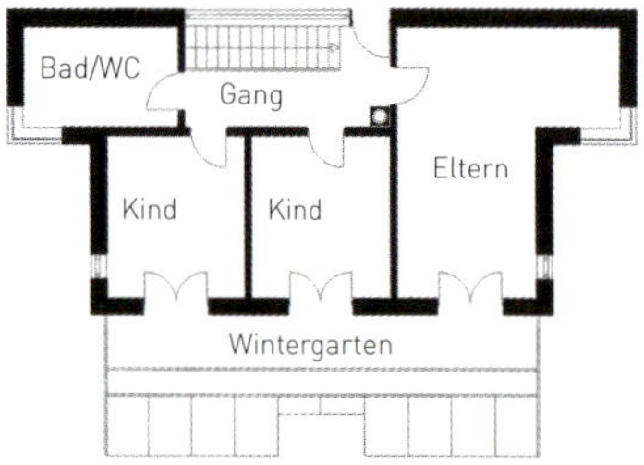

Obergeschoss

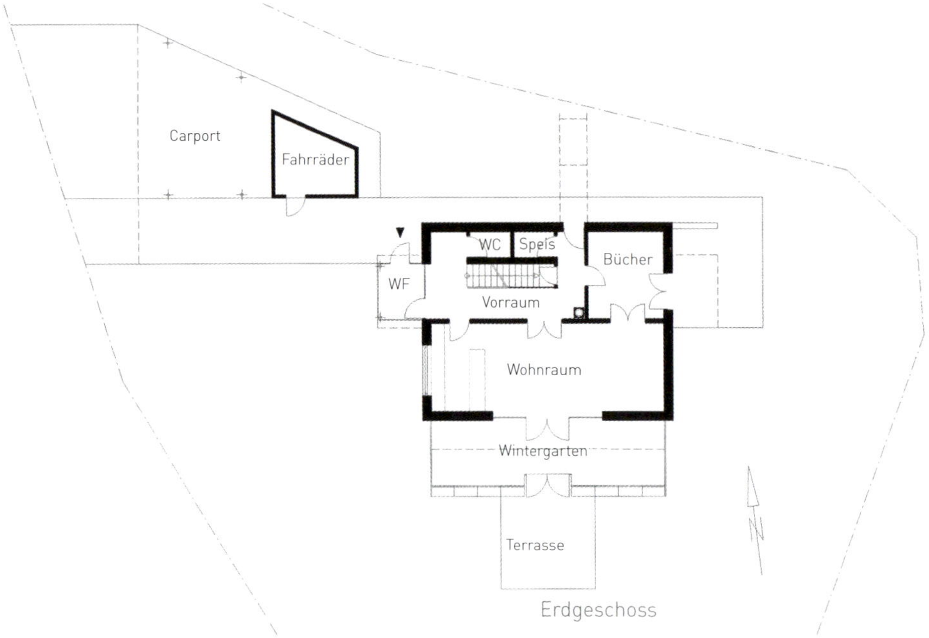

Erdgeschoss

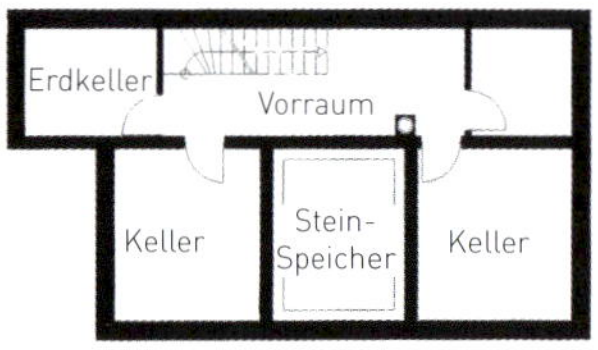

Untergeschoss

Links: Das Bad scheint über dem Eingangsbereich zu schweben.

Rechte Seite: Der von außen so futuristisch wirkende Wintergarten bietet innen sehr wohnliche Aufenthaltsplätze mit Weitblick – so den Essplatz direkt bei der Küche und das »Hängematten-Eck«.

ten Jahreszeit werden einfach die Türen geschlossen. Dann wärmt der zentrale Kachelofen das Haus. Schon in der Übergangszeit nutzen die Familienmitglieder den – im Hinblick auf die Energieeffizienz sinnvollerweise ohne Heizung konzipierten – Wintergarten als angenehm temperierten Essplatz und als Entspannungszone. Scheint im Sommer die Sonne, sorgen die Entlüftungsöffnungen des Wintergartens für den wirksamen Abzug der Warmluft.

INNOVATION ZUM NIEDRIGPREIS

Der Wintergarten senkt nicht nur beträchtlich die Energiekosten, sondern ist bereits für sich ein »Sparmodell«: Durch seine Keilform bildet das Dach gleichzeitig die Fassade, was die Bauvolumina und die benötigten Baumassen, aber natürlich auch die Bauzeiten und damit die Handwerkerkosten unter anderem für die Erstellung des Tragwerks und die Montage der Gläser deutlich verringert. Viele Teile des Innenausbaus – so die Treppe zum Obergeschoss mit ihren Geländerfüllungen aus Hanftauen – sind bewusst einfach gehalten. Im Übrigen achtete der Architekt grundsätzlich darauf, Konstruktionen so unkompliziert und damit so kostengünstig wie möglich zu planen und dies auch während des Bauablaufs zu überwachen. Die Bauherren waren ihrerseits in der Lage, viel selbst zu machen und nahmen es dafür gerne in Kauf, dass der Einzug so etwas länger dauerte. Nahezu der gesamte Innenausbau erfolgte in Eigenleistung.
In der visuellen Wirkung fast futuristisch, koppelt das Wohnhaus nicht nur unterschiedliche Bauweisen und Formensprachen zu einem überzeugenden Ganzen, sondern verbindet auch die energetische Effizienz eines Solarhauses mit erstaunlich kostengünstigen Lösungen.

BAUDATEN

Standort: Niederösterreich
Bauzeitraum: 1995–1998
(ca. 48 Monate, in Etappen)
Wohnfläche: 144 m²
Grundstücksfläche: 900 m²
Kostensenkende Faktoren: grundsätzlich bewusst sparsamer Umgang mit Materialien und Bauvolumina, Verwendung naturbelassener oder wenig behandelter Produkte (z.B. beim Innenausbau), einheitliches Konstruktionsraster, einfache Konstruktionen und kostengünstige Lösungen (z.B. Innentreppe mit Brüstungsseilen), Verwendung einheitlicher Bauteile (z.B. Fenster), Wintergartentragwerk in Holzbauweise, beim nördlichen Gebäudeteil extensiv begrüntes Pultdach mit Bitumenabdichtung, Eigenleistung (ca. 30% der Handwerkerleistungen)
Baukosten: ca. 199.000 Euro

ADRESSE DER ARCHITEKTEN

Atelier für Solararchitektur JORDAN
Ernst Michael Jordan
Langenharterstraße 13
A-4300 St. Valentin
Telefon 00 43-(0)74 35-5 87 06
office@jordan-solar.at
www.jordan-solar.at

Oben: Durch ein Fensterband dringt viel Licht in das Treppenhaus und den Gang im Obergeschoss.

Linke Seite oben: Rückzugsort und Arbeitsecke des Bauherrn in der nordöstlichen Ecke des Obergeschosses.

Linke Seite unten: Die Fichtentreppe zum Obergeschoss ist so einfach wie möglich konstruiert und mit ebenso günstigen wie stimmungsvoll wirkenden Geländerfüllungen aus Hanfseilen versehen.

EIN KLEINOD MIT PARADIESGARTEN

Ein Single-Haus mit hoher Wohnqualität

Dass weniger mehr sein kann, bestätigt so manches in diesem Buch vorgestellte Haus nachdrücklich. Das in der Wohnfläche sehr bescheidene, hinsichtlich des optischen Raumeindrucks und der Wohnqualität her aber ganz große Haus von Wolfgang Behr ist ein eindrucksvolles Beispiel eines Single-Hauses. Der Eigentümer hatte sich entschlossen, nach vielen Jahren in der Schweiz ein Haus in der oberschwäbischen Bodenseeregion zu bauen. Im Zusammenspiel von Bauherr und dem von ihm beauftragten Architekt, Erik Zeutzheim, untersuchte man jedes planerische Detail und jedes eingesetzte Produkt nach den Kosten und dem dadurch geschaffenen Mehrnutzen.

KOSTEN SPAREN VON ANFANG BIS ENDE

Obgleich das Sparen am Bau für Wolfgang Behr keine Notwendigkeit war, verfolgte er doch konsequent das Ziel, auf Wohnfläche zugunsten von kostengünstig geschaffener Wohnqualität zu verzichten. Dies war umso leichter möglich, als der Raum sparende Grundriss die vorhandene Fläche optimal ausnutzt. Die Funktions- und Lagerräume sind dem nordostseitigen Eingangsbereich im Erdgeschoss zugeordnet, was dem sich anschließenden Wohn-, Ess- und Kochbereich reichlich Platz belässt. Als Blickfang wirkt ein gemauerter großer Kachelofen, der die Heizungsversorgung für das Gebäude alleine sicherstellt – und dies zu Kosten von wenig über 100 Euro pro Jahr, die für das Brennholz ausgegeben werden müssen! Ein kleiner Kollektor erwärmt zusammen mit einer elektrischen Nachheizung das Brauchwasser. Der Innenraumeindruck des Wohnbereichs ist ebenso wohnlich wie klar. Ungewöhnliche Elemente wie die mit einem Schmierseife auf Olivenölbasis eingelassenen, unter Sonnenlichteinwirkung reizvoll grauweißen OSB-Platten als Bodenbeläge lassen keinen Moment den Eindruck von Unfertigkeit aufkommen. Hier wie allerorten im und am Haus galt das Motto, nur dort zu verzichten, wo es sinnvoll war.

Links: Ansicht der sonnenabgewandten Nordwestseite, die nur wenige notwendige Fassadenöffnungen besitzt.

Rechte Seite: Sitzplätze unter der von einem Glasdach geschützten Terrasse und mitten im blühenden Gartenreich.

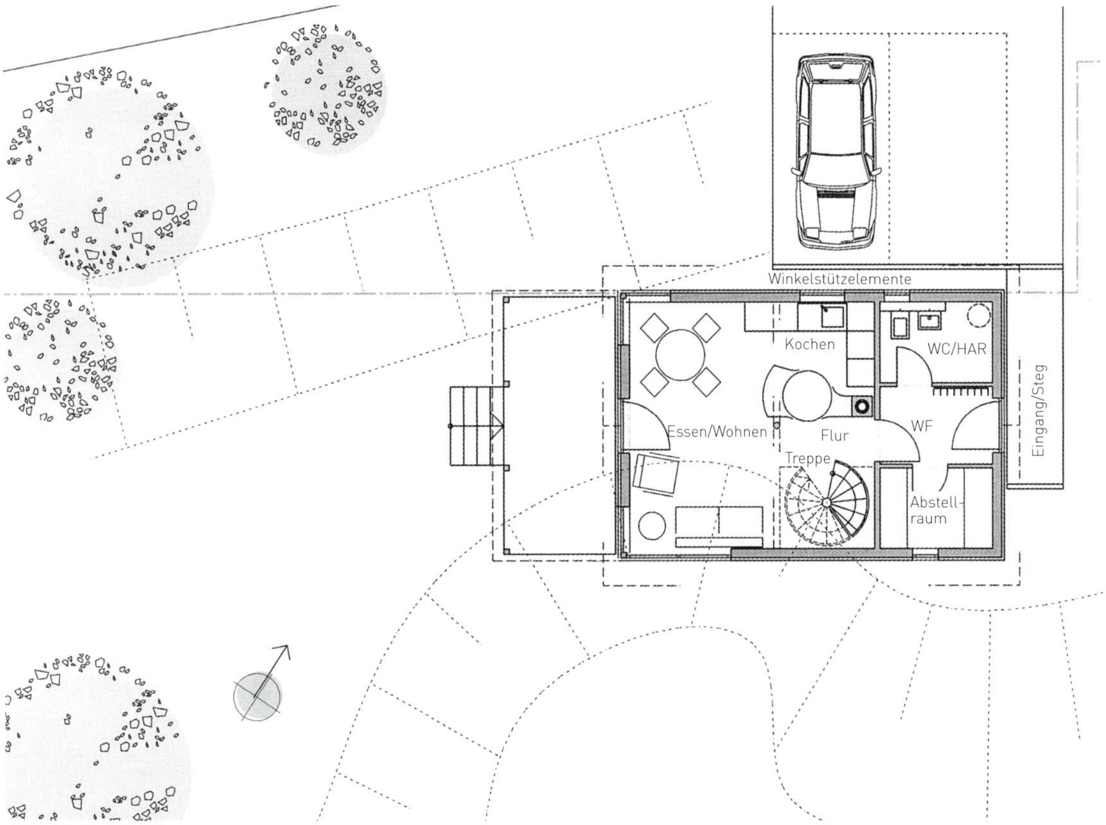

Erdgeschoss

Hierzu zählte unter anderem auch die Gründung des Hauses auf Einzelfundamente und eine Stahlträgerlage bei Verzicht auf eine Unterkellerung. Der knappe Dachüberstand sparte nicht nur Baumaterial und Arbeitszeit, sondern entspricht auch der regionalen Bautradition. Die Brettschichtbohlendecke verblieb ohne weiteren Bodenaufbau und wurde, so wie sie war, geschliffen und geölt.

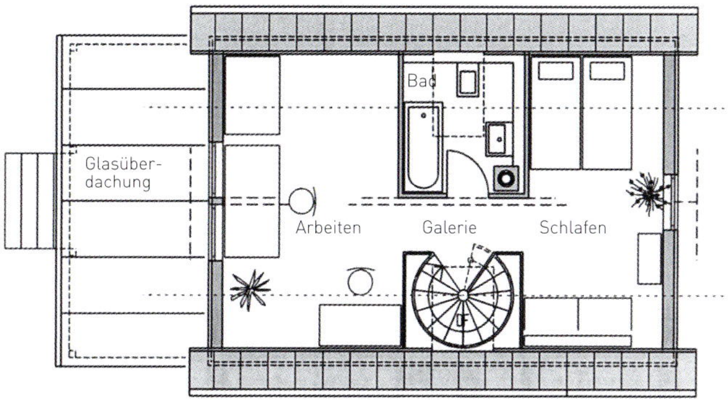

Obergeschoss

Das offene Raumkonzept mit einer ins Obergeschoss führenden, vom Architekten zusammen mit dem Schlosser individuell entworfenen Stahlspindeltreppe tut nicht nur dem Raumeindruck gut, sondern lässt auch die Wärme ungehindert nach oben steigen. Das steile, bis zum First ausgebaute Dach bietet auf der oberen Etage reichlich Kopf- und Bewegungsfreiheit.
Im Sommer hält ein vom Hausherrn selbst montierter Holzschiebeladen bei Bedarf die Sonne fern. Die beim Bau erhaltenen großen Bäume im Westen und Südwesten spenden zusätzlichen Schatten.

Linke Seite links: Die verglaste Eingangstür erhielt ein vom Schlosser angefertigtes Vordach in Stahl und Glas.

Linke Seite rechts: Die Südfassade mit senkrechter Lärchenholzverschalung vor Blumenwiese. Das große Panoramafenster kann bei Bedarf durch einen Holzschiebeladen verschattet werden.

Rechts: Die erhöht liegende Terrasse auf der Westseite nimmt die gesamte Breite des Hauses ein.

ÖKOLOGISCHER UND GESTALTERISCHER MEHRWERT

Da in vielen Bereichen konsequent gespart wurde, konnte an anderer Stelle in zusätzliche ökologische Wohnqualität investiert werden. So sorgt die Dämmung der Bodenplatte, der Außenwände und des Dachbereichs aus eingeblasenen Zellulosefasern für wirkungsvolle Dämmung gegen hohe wie niedrige Temperaturen und ein gesundes Raumklima. Als Fassadenmaterial fiel die Wahl auf eine Verschalung aus Douglasienholz anstelle der meist teureren Fassadenplatten, als Dachdeckung wurden naturrote, großformatige und daher Arbeitskosten sparende Falzdachziegel verwendet. Eine klare Architektursprache gab es kostenlos »obendrauf«.

KLEINES HAUS, GROSSES GARTENREICH

Die dem Südwestgiebel vorgelagerte große, überdachte Terrasse erweitert gleichsam den Wohnbereich nach draußen. Die Terrasse wie der gesamte Garten zeigen die Leidenschaft des Bauherrn für die Gestaltung mit Pflanzen, insbesondere mediterrane Gewächse und in mitteleuropäischen Breiten selten kultivierte Gehölze. Der im Gefäß gezogene Zitronenstrauch trägt jedes Jahr reiche Ernte. Sogar der

als empfindlich geltende, im Mittelmeerraum vorkommende Schneeball *(Viburnum tinus)* gedeiht unter der Hand des »Chefgärtners« hier – selbstverständlich mit angemessenem Winterschutz – im Beet.

Dieses ausgesprochen wohnliche Single-Haus zeichnet sich dadurch aus, dass nicht unbedingt benötigte Bauteile oder solche mit geringem Nutzen weggelassen wurden, um an anderer Stelle durchaus Spielraum für individuelle Architektur und Gestaltung zu schaffen. In der »Endabrechnung« ergab dies ein extrem kostengünstiges Haus mit hohen ökologischen Qualitäten und wohngesunden Innenräumen in einem bereits nach kürzester Zeit eingewachsenen Garten.

Linke Seite: Durch den weitgehenden Verzicht auf Innenwände und die steile Dachneigung wird die Wohnfläche im Obergeschoss bestmöglich ausgenutzt.

Oben: Die großzügige Befensterung des südwestlichen Hausecks trägt wesentlich zur guten Belichtung des Erdgeschosses bei.

Links oben: Schlafecke im Obergeschoss

Links unten: Blick durch den Wohnraum im Erdgeschoss mit geradlinig schönem Kachelofen und vom Schlosser angefertigter Spindeltreppe.

Rechte Seite: Essecke im Erdgeschoss mit Wandinnensicht aus OSB-Platten, die Wärme ausstrahlt und sich besonders günstig herstellen ließ.

BAUDATEN

Standort: bei Pfullendorf/ Baden-Württemberg
Bauzeitraum: 2003 (ca. 6 Monate), ergänzende Arbeiten (Holzschiebeladen, Eingangsvordach) 2004/2005
Wohnfläche: 75 m²
Grundstücksfläche: 737 m²
Kostensenkende Faktoren: grundsätzlich konsequente Überprüfung aller Bauteile und Baumaterialien nach Kosten und Nutzen, klares konstruktives Raster, Gründung auf Einzelfundamente, einfacher Baukörper, einfache Haustechnik, Großpfannenziegel, Verzicht auf Dachüberstände, Verzicht auf Unterkellerung, Verwendung einheitlicher Bauteile (z.B. Fenster), Einsatz roh belassener Werkstoffe und Verzicht auf Entbehrliches (z.B. teilweise OSB-Platten als Beläge und als Wandinnensicht, keine separaten Bodenbeläge, keine überflüssigen Innenwände), Eigenleistungsanteil
Baukosten gesamt brutto: ca. 105.000 Euro

ADRESSE DER ARCHITEKTEN

Keck und Zeutzheim
Erik Zeutzheim
Rottumwiesen 10
D-88416 Ochsenhausen
Telefon 0 73 52-92 28 12
Erik.Zeutzheim@keck-architekten.de

< 200.000 EURO

EIN ÖKOLOGISCHES PASSIVHAUS FÜR WENIG GELD

Nachhaltig bauen in Niederösterreich

»Ökologisch bauen ist doch viel zu teuer«, »Mehr als der Standard ist für den Preis nicht drin« – solche und ähnlich gelagerte Antworten erhält so mancher Bauherr, der zum Planer oder zum Bauträger ums Eck geht. Ein günstiges und dennoch nachhaltiges, gesundes und energiesparendes Haus zu bekommen, erscheint vor diesem Hintergrund vielen wie ein unerreichbares Ziel. Vor die Wahl des Entweder-Oder gestellt, fällt dann nicht selten die Entscheidung für den günstigeren Preis und gegen das nachhaltige Bauen. Dass es auch anders geht, stellt das unter Einbeziehung lokaler Ressourcen und Arbeitskraft verwirklichte Projekt von ah 3 architekten unter Beweis. Hier entstand unter der Vorgabe der innerdörflichen Verdichtung ein Wohnhaus mit Beispielcharakter mit zwei Wohneinheiten.

ENERGIE, RESSOURCEN UND FINANZMITTEL SPAREN

Ein kostengünstiges Wohnhaus mit einem Heizwärmebedarf von knapp 10 kWh/m²a – nur zwei Drittel des für das Erreichen des Passivhausstandards geforderten Werts – kann als planerische Meisterleistung gelten. Ermöglicht wurde dies durch ein Konzept, das in allen Punkten auf größtmögliche Nachhaltigkeit, Energieeffizienz und gleichzeitig auch kostensparendes Bauen ausgerichtet war. In der Werkstatt vorgefertigte, teilmassive Holzaußenwände erfüllten sowohl die Forderung der günstigen Kosten als auch der ökologischen Materialwahl. Einige tragende Stützen auf der Südseite bestehen aus regional abgebautem Bruchstein. Teile der Außenwände, die Decken im Obergeschoss und der Boden im Erdgeschoss erhielten eine 47 beziehungsweise 36 Zentimeter starke Dämmung aus Strohballen. Dieses bisher eher unterbewertete und noch selten benutzte Material hat den Vorteil, dass damit in Eigenleistung hohe Dämmstärken zu einem äußerst günstigen Preis hergestellt werden können, und dies war somit ein wichtiger Baustein auf dem Weg zum günstigen Passivhaus. Die seit einigen Jahren dezidiert in Richtung auf energiesparende und nachhaltige Bauweise ausgerichtete niederösterreichische Wohnbauförderung erleichterte es den Bauherren zudem, sich für ökologische Baustoffe zu entscheiden.
Die Fassaden sind großenteils mit einer Schalung aus heimischer Lärche versehen, im Erdgeschoss der Südseite besteht die Außenhaut aus einem auf Flachsvlies aufgebrachten Lehmputz. Auch das extensiv begrünte Flachdach mit einer Abdichtung aus Aluminium-Trapezblechen reiht sich in das ganzheitlich ökologische Konzept ein, indem es das Kleinklima positiv beeinflusst.

Linke Seite: Die Nordfassade zeigt sich introvertiert und weist nur wenige Fensteröffnungen auf.

Unten: Zum Garten und zum Wohnhof geöffnet ist die Südseite des Hauses. Die Säulen im Erdgeschoss wurden mit Naturstein aus dem vorhandenen Stadel – also hochwertigem und dabei kostenlosem Material – errichtet.

Alle: Die Innenräume leben vom Wechsel heller und schattiger Bereiche. Der warme Charakter der Lehmwände kommt in seiner Wirkung durch die südseits einstrahlende intensive Belichtung besonders gut zum Tragen.

BAUDATEN

Standort: Feinfeld/Niederösterreich
Bauzeitraum: 2002 (ca. 6 Monate)
Wohnfläche: 178 m²
Grundstücksfläche: 2.078 m²
Kostensenkende Faktoren: einheitliches konstruktives Raster, klare Grundrissgliederung (dadurch u.a. sparsame Verlegung von Installationsleitungen), Massereduktion (z.B. durch Streifenfundamente), keine Unterkellerung, hoher Vorfertigungsgrad, Verwendung einheitlicher Bauteile (z.B. Fenster), günstige Baumaterialien (z.B. Strohballen zur Dach-, Boden- und Außenwanddämmung), grundsätzlich Verzicht auf Entbehrliches (z.B. keine überflüssigen Innenwände, konstruktiver statt zusätzlicher Sonnenschutz), einfache Aufbauten, Eigenleistungsanteil (ca. 20% der Handwerkerleistungen)
Baukosten: unter 200.000 Euro

ADRESSE DER ARCHITEKTEN

AH3 architekten ZT GmbH
Johannes Kislinger
Hauptplatz 3
A-3580 Horn
Telefon 00 43-(0)29 82-2 08 00
office@ah3.at
www.ah3.at

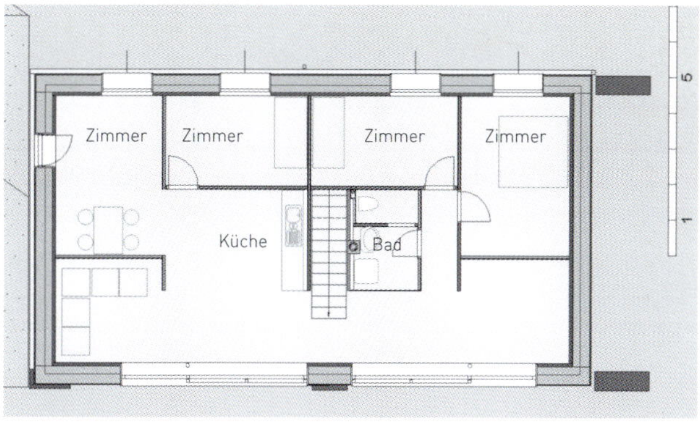

Obergeschoss

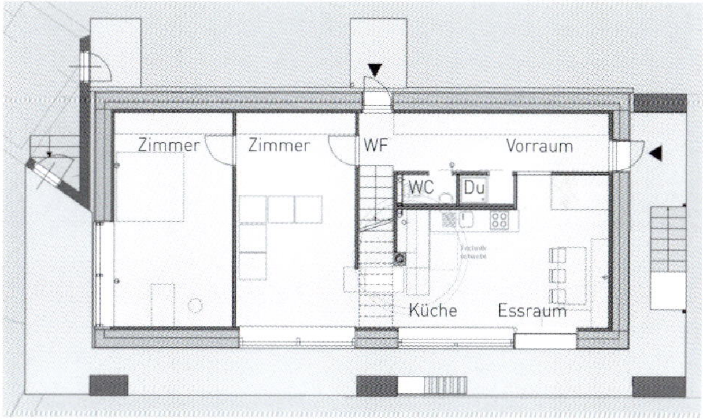

Erdgeschoss

GEMEINSAM WOHL FÜHLEN IM ÖKOLOGISCHEN HAUS

Durch die westlich und östlich angelagerten alten Nebengebäude und die den südlichen Grundstücksbereich umgebenden Hofmauern besitzt der Garten eine ruhige, behütet wirkende Atmosphäre. Ein kleiner Gartenteich bringt ein kontemplatives Element ein und schafft zudem Lebensmöglichkeiten für Insekten und Kleintiere. Im Inneren sorgen Lehmputze zusammen mit den Holzdielenböden und dem diffusionsoffenen Wandaufbau für eine ausgeglichene Luftfeuchtigkeit und ein allzeit angenehmes Raumklima. Von Süden, wo sich fast 73 Prozent der verglasten Flächen befinden, werden die Wohnräume durch die Sonnenstrahlen erwärmt. Dies geschieht besonders effizient, da das Erdgeschoss mit den größten Fensterflächen auf der Südseite einen Meter unter das – damit als Vordach wirkende – Obergeschoss eingezogen ist. Dadurch besteht ein wirksamer konstruktiver Überhitzungsschutz im Sommer, auf zusätzlichen Sonnenschutz kann somit verzichtet werden. Während der kalten Jahreszeit scheint die tiefer stehende Sonne dann ungehindert in die Räume. Auf den übrigen Seiten sah man nur die für die Belichtung notwendigen Fassadenöffnungen vor, um unnötige Wärmeverluste zu vermeiden. Im Erdgeschoss führt die mittig auf der Nordseite situierte Eingangstüre geradewegs zur Treppe ins Obergeschoss, rechts zum Wohn- und weiter zum Schlafzimmer, linker Hand zum Koch- und Essbereich sowie zu Dusche und WC. Auf der zweiten Ebene befindet sich die zweite Wohneinheit mit offenem Wohn-, Ess- und Kochbereich, drei separaten Zimmern sowie Bad und WC.
Für kostenbewusste und zugleich ökologisch ausgerichtete Bauherren, die zudem Wert auf geringe Betriebskosten und hohe Energieeffizienz legen, stellt das von Johannes Kislinger geplante Haus den wahr gewordenen Traum dar.

MONOLITH IN DER LANDSCHAFT

Ein Haus für eine fünfköpfige Familie

Auf einer Hügelkuppe thronend, scheint das Einfamilienhaus gleichsam aus dem Felsen emporzuwachsen. Weit und breit ist keine Nachbarbebauung im Blick, nach Süden genießen die Bewohner eine fantastische Aussicht auf das Rheintal und auf die Schweizer Berge.

SCHWERELOS UND DOCH ERDVERHAFTET

Das halb aus dem Felsen ragende Untergeschoss weist neben einem in Stahlbetonbauweise errichteten Technikraum eine Betonscheibe und drei Stahlstützen auf der Südseite auf, die dem zweigeschossigen Gebäude einen fast schwebenden Charakter verleihen. Der Beton zitiert in der Materialität den Felsen, auf dem das Gebäude errichtet ist. Die Fassaden der beiden Wohnebenen sind auf allen vier Seiten durch das Zusammenspiel der Lärchenholzschalung, die den Bezug zum nahen Wald herstellt, und der Glasflächen geprägt. Dabei besitzt jede Seite eine höchst individuelle Ausprägung. Während man auf der Südseite eine stilisierte »2« ablesen könnte, ist der Nordseite im Erdgeschoss ein kleiner Eingangswindfang vorgeschaltet, im Obergeschoss betont ein lang gestrecktes Glasband die Form des liegenden Rechtecks. Die schmalen Seiten im Westen und Osten werden entsprechend durch stehende Glasbänder beziehungsweise hohe, schmale Fensterformate unterstrichen.

IDEALER RAUMEINDRUCK UND EINRAUMKONZEPT

Aus der für eine Familie mit fünf Personen eigentlich relativ geringen Wohnfläche von 120 Quadratmeter holte die Planung des Architekten Daniel Sauter den größtmöglichen Wohnwert heraus. Dies gelang dadurch, dass im Erdgeschoss vollständig auf Innenwände verzichtet wurde. Der zusammenhängende Wohn-, Ess- und Kochbereich entfaltet so eine beeindruckende räumliche Wirkung. Als untergliederndes Element fungiert ein frei stehender offener Kamin,

Links und rechte Seite: Eine klare Struktur von Fensterbändern und holzverschalten Fassadenbereichen prägt das Einfamilienhaus. Der praktisch in das Gebäude integrierte Balkon schafft die Möglichkeit zum geschützten Aufenthalt im Freien.

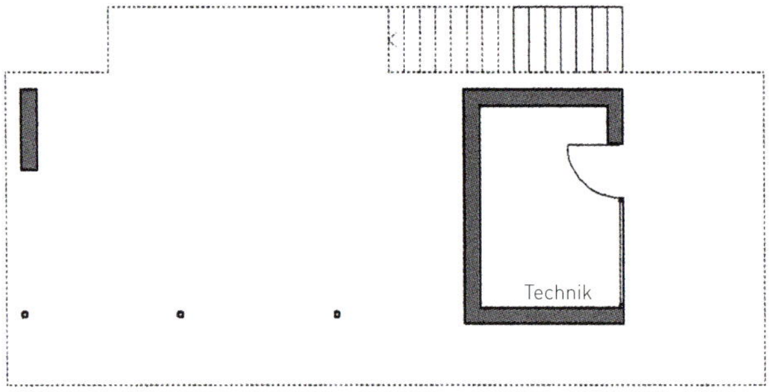

Untergeschoss

Der einfach gestaltete, von Holz geprägte Eingang und die sich dem Fels anpassende Natursteintreppe nehmen die Materialien der Umgebung auf.

Der überdachte Balkon bietet einen weiten Blick über den Ort und die Voralberger Landschaft.

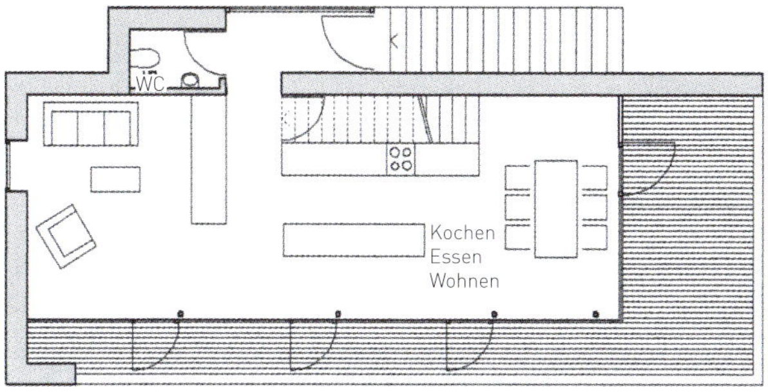

Erdgeschoss

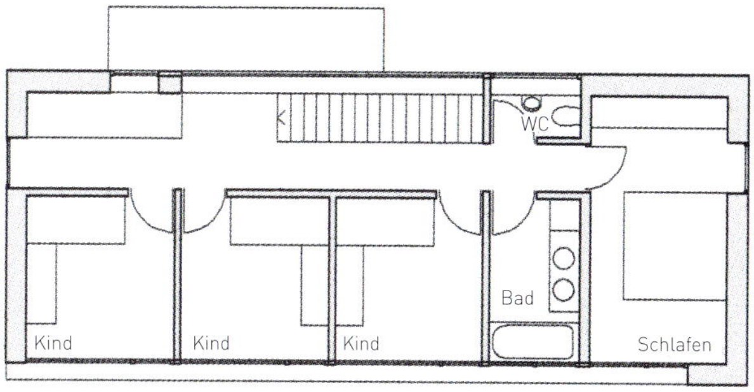

Obergeschoss

Von der Bergseite gesehen, weist das Haus neben dem Eingangsbereich nur eine Abfolge schmaler Fensterbänder auf.

Links: Der offene Wohn-, Ess- und Kochraum im Erdgeschoss schafft trotz geringer Gesamtwohnfläche beeindruckende Großzügigkeit.

Rechte Seite: Blick durch den Flur im Obergeschoss mit Treppenabgang.

BAUDATEN

Standort: Vorarlberg/Österreich
Bauzeitraum: 2004 (4 Monate)
Wohnfläche gesamt: ca. 120 m²
Grundstücksfläche: ca. 590 m²
Kostensenkende Faktoren: Eindeutige Gebäudeform und durchgehendes Konstruktionsraster, Flachdach mit Bitumenabdichtung, Verwendung einheitlicher Bauteile, Eigenleistungsanteil (ca. 20% der Handwerkerleistungen), völliger Verzicht auf Innenwände im Erdgeschoss, Teilunterkellerung, Verzicht auf nicht unbedingt notwendige Ausstattung (z.B. zweites Bad), Raum sparende Grundrissgestaltung, Einsparung von Investitionskosten beim Heizsystem durch optimale passive Solarnergienutzung mittels Gebäudeorientierung und Fassadengestaltung sowie hochgedämmte und dichte Ausführung der baulichen Hülle
Baukosten gesamt brutto:
unter 200.000 Euro

ADRESSE DER ARCHITEKTEN

k_m architektur

Büro Bregenz (Österreich)
Daniel Sauter
Glockengieße 2
A-6900 Bregenz
Telefon: 00 43-(0)55 74-8 28 38
Fax: 00 43-(0)55 74-8 30 17
k_m architektur@aon.at
www.k-m-architektur.com

Büro Lindau (Deutschland)
Daniel Sauter
Hochbucher Weg 58
D-88131 Lindau
k_m architektur@aon.at
www.k-m-architektur.com

der damit zugleich als Raumskulptur wirkt. Im Süden und Osten steht ferner eine zusammenhängende, durch den Fassadenüberstand vor Regen geschützte Terrasse zur Verfügung, die durch vier Fenstertüren direkt zugänglich ist.

WOHNRAUM OPTIMAL GENUTZT

Im Obergeschoss konnten bequem drei – allesamt nach Süden orientierte – Kinderzimmer, Bad, WC und das das Geschoss ostseits abschließende Elternschlafzimmer untergebracht werden, die alle durch einen nordseits situierten gemeinsamen Flur erschlossen werden. Die benötigten Erschließungsflächen für Flur und Treppe wurden auf ein Minimum reduziert. Ungeachtet der begrenzten Fläche entstanden ein sehr klar gestalteter Grundriss und gut nutzbare Räume. Das Elternschlafzimmer nimmt die gesamte Breite des Gebäudes ein.
Raum und damit Kosten sparend geplant, bietet das Einfamilienhaus ein deutlich besseres Wohngefühl als manches in der Wohnfläche deutlich größere Gebäude. Die Funktionen des Erdgeschosses als Wohnebene und des Obergeschosses als Kinder- und Schlafebene sind auch in der Ausnutzung der Fläche optimal umgesetzt.

EINE ERWEITERUNG ALS EINFAMILIENHAUS

Wohnen mit mehreren Generationen

Obgleich im Grunde als Erweiterung eines bestehenden Einfamilienhauses konzipiert, besitzt das hier vorgestellte eingeschossige Gebäude alle denkbaren und wünschenswerten Qualitäten eines frei stehenden Einfamilienhauses. Dies gilt zunächst für die mit 160 Quadratmeter sehr großzügige Wohnfläche, die – da auf einer Wohnebene konzentriert – auch hervorragend nutzbar ist. Ferner erlaubt es das Gebäude durch seine Nähe zu eingewachsenem Baumbestand und seine südseits integrierte Loggia, die Landschaft und den atemberaubenden Ausblick über das gesamte Rheintal sehr unmittelbar zu genießen.

LEBEN OHNE BARRIEREN

Durch einen verglasten Windfang und gemeinsamen Eingangsbereich ebenerdig mit dem Altbau verbunden, wurde der Anbau in vollem Umfang behindertengerecht geplant. Während die junge Generation mit den Kindern im Altbau lebt, ist die Erweiterung für die Großeltern und die Urgroßeltern bestimmt.

Infolge der Eingeschossigkeit, die ebenerdige Erreichbarkeit von draußen und den Verzicht auf einen eigenen Keller müssen im Haus keine Barrieren überwunden werden – ein beim Bauen für ältere Menschen grundsätzlich besonders wichtiger Aspekt, aber auch für Bewohner aller Altersstufen ausgesprochen praktisch! Das Haus braucht daher keinerlei Innentreppen, was sich auch auf die Baukosten positiv auswirkt, denn für die Herstellung einer Treppe können schnell fünfstellige Beträge zusammenkommen. Ausreichender Lagerraum steht im Untergeschoss des Altbaus zur Verfügung.

Links: Fassadenausschnitt mit der Loggia.

Rechte Seite: Auf dem ebenen Bereich des Grundstücks entstand in Nachbarschaft zum Altbau eine Terrasse für die gemeinsame Nutzung.

ZEITGEMÄSSES WOHNEN

Ungeachtet des Alters der Bewohner entwarf Architekt Daniel Sauter einen sehr modernen Grundriss, der sowohl den Anspruch auf Privatheit und Zurückgezogenheit als auch auf gemeinsames Leben berücksichtigt.
Vom Windfang aus gelangen die Bewohner über einen lang gestreckten Flur in die einzelnen Zimmer und in den gemeinsamen Koch-, Ess- und Wohnbereich auf der Südseite, der sich über die gesamte Breite des Gebäudes erstreckt. Die hier sehr großzügige Verglasung der Fassaden sorgt dafür, dass sich die Bewohner zumeist in natürlich belichteten Räumen aufhalten können. Mittels der anschließenden Loggia erweitert sich der Wohnbereich ins Freie und gibt nach drei Seiten den Blick auf die Landschaft und das Grün der Bäume frei, die ihr Astwerk bis in den Loggienbereich hereinstrecken. Durch die weite Auskragung des südlichen Gebäudeabschnitts scheint das Haus fast über dem Tal zu schweben – ein »Baumhaus« mit 160 Quadratmeter Wohnfläche.

ÖKOLOGIE UND WOHNGESUNDHEIT

Die Nähe zur Natur spiegelt sich bei diesem Gebäude auch in der ausschließlichen Verwendung von unbehandeltem Massivholz, etwa als Fassadenverschalung und Terrassenbelag, das ohne synthetische Holzschutzmittel und Lacke auskommt – ein Aspekt, der nicht nur die Umwelt schont, sondern sich durch die Minimierung von Schadstoffimmissionen auch auf die Wohngesundheit in den Innenräumen sehr positiv auswirkt. Ferner werden dadurch nicht zuletzt Arbeitsgänge und damit Kosten eingespart.
Die als vollwertiges Einfamilienhaus zu bezeichnende Erweiterung verbindet nicht nur eine hohe Benutzerfreundlichkeit mit den Ansprüchen an modernes Wohnempfinden, sondern bietet dafür auch noch einen hohen ästhetischen und ökologischen Standard. Die dabei möglichen, angesichts der Wohnfläche extrem niedrigen Baukosten verdanken sich unter anderem der Vereinheitlichung der Konstruktion, einem hohen Vorfertigungsgrad und dem möglich gewordenen Verzicht auf Keller, Treppen und andere teure Bauteile.

Oben und unten: Die geradlinig designte Küchenzeile und der von Korbmobiliar geprägte Wohn- und Essbereich mit der anschließenden Loggia. Das vom Architekten entworfene Ofen-Küchenzeilen-Möbel aus Metall in der Kochecke

BAUDATEN

Standort: Kanton St.Gallen, Schweiz
Bauzeitraum: 2003–2004 (7 Monate)
Wohnfläche gesamt: ca.160 m²
Grundstücksfläche: ca.600 m²
Kostensenkende Faktoren: Eindeutige Gebäudeform und durchgehendes Konstruktionsraster, Holzelementbauweise, sehr hoher Vorfertigungsgrad von 70–80 % (Holztragwerk, Fenster, Mobiliar), Flachdach mit Bitumenabdichtung, Verwendung vieler einheitlicher Bauteile, Eigenleistungsanteil (ca. 20% der Handwerkerleistungen), Verzicht auf einen separaten Keller, Verzicht auf Treppen, Einsparung von Investitionskosten beim Heizsystem durch optimale passive Solarenergienutzung mittels Gebäudeorientierung und Fassadengestaltung sowie hochgedämmte Ausführung der baulichen Hülle
Baukosten gesamt brutto:
unter 200.000 Euro

ADRESSE DER ARCHITEKTEN

k_m architektur

Büro Bregenz (Österreich)
Daniel Sauter
Glockengieße 2
A-6900 Bregenz
Telefon: 00 43-(0)55 74-8 28 38
Fax: 00 43-(0)55 74-8 30 17
k_m architektur@aon.at
www.k-m-architektur.com

Büro Lindau (Deutschland)
Daniel Sauter
Hochbucher Weg 58
D-88131 Lindau
k_m architektur@aon.at
www.k-m-architektur.com

Blick durch den Flur zur Sitzecke und zur Loggia. Linker Hand die einzelnen Zimmer.

Grundriss

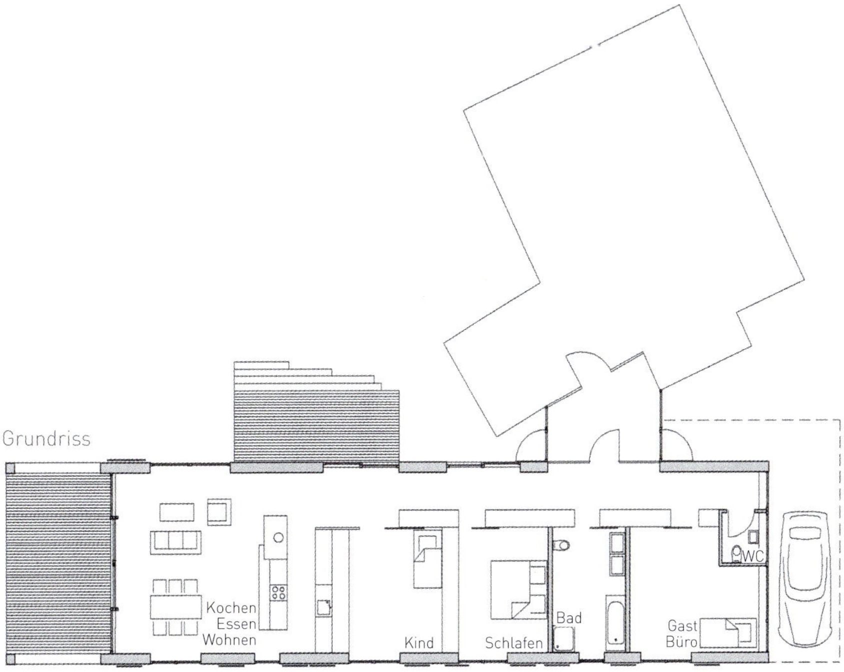

GERADLINIG, GÜNSTIG, WOHNGESUND

Ein ökologisches Passivhaus für eine Familie in Niederösterreich

Der im niederösterreichischen St.Valentin ansässige Architekt Ernst Michael Jordan beweist mit seinen Entwürfen stets aufs Neue, dass sich hohe bauökologische Anforderungen und ein vernünftiger Kostenrahmen aufs Beste miteinander vereinbaren lassen. Das hier vorgestellte ausgesprochen günstige Einfamilienhaus erreicht mit einem Jahresheizwärmebedarf von 16 kWh/m²a praktisch Passivhausstandard – und zwar unter Einsatz ökologischer Materialien!

PRIMA KLIMA UND WOHLIGE WÄRME

Die Bauherrschaft wünschte sich von vorneherein ein Haus, das in einem ganzheitlichen Rahmen in Hinsicht auf Wohngesundheit, Ökologie und die weitestmögliche Verwendung heimischer Rohstoffe ausgerichtet sein sollte, ohne dass sich dies in teuren Baukosten niederschlagen sollte. Das nach Norden hin abfallende Pultdach ließ sich bei Weitem einfacher und schneller erstellen als ein Satteldach. Der Dachüberstand ist genau so bemessen, dass der Einfall der Sonnenstrahlen gemäß der Jahreszeit geleitet werden kann und die Kollektoren genug Wärme produzieren können.
Eine hoch effiziente Wärmedämmung aus eingeblasenen Zelluloseflocken mit einem U-Wert von 0,11 W/m²K, die sowohl die Außenwände als auch den ebenfalls in Holzkonstruktion erstellten Erdgeschossboden und das Dach isoliert, hält im Winter die Kälte und im Sommer die Wärme sehr wirkungsvoll vom Hausinneren fern. Passivhausfenster in Aluminium-Holz-Kork-Verbundbauweise gewährleisten im Zusammenspiel mit einer hoch luftdichten Ausführung, dass an der Außenhaut keine energetischen Schwachstellen entstehen. Transparente Flächen konzentrieren sich folgerichtig auf der »warmen« Südseite. Auf der »kalten« Eingangsseite fungieren ferner ein Windfang, ein Lagerraum

Links: Die Eingangsseite mit dem vorgesetzten Carport.

Rechte Seite: Ansicht von Süden mit der Terrasse.

Links: Blick über die Sitzecke in den Garten.

Unten: Weiße Fliesen, eine warme Farbgebung der Wände und eine kunstvolle Baumskulptur machen das Badezimmer zum Erlebnisraum.

BAUDATEN

Standort: Niederösterreich
Bauzeitraum: 2000–2002 (18 Monate)
Wohnfläche: 144 m²
Grundstücksfläche: 669 m²
Kostensenkende Faktoren: grundsätzlich bewusst sparsamer Umgang mit Materialien (z.B. Balkonbrüstung), Verwendung naturbelassener oder wenig behandelter Produkte (z.B. sägeraue Bretter), Einsatz von Baumaterial aus Wiederverwendung (z.B. Innentüren), einheitliches Konstruktionsraster, einfache Kubatur, einfache Konstruktionen (z.B. Innentreppe), Verwendung einheitlicher Bauteile (z.B. Fenster), Holzbauweise, Pultdach mit Faserzementdeckung, Kollektoren in Fassade integriert statt aufgeständert, Eigenleistung (ca. 30% der Handwerkerleistungen)
Baukosten: ca. 195.000 Euro

ADRESSE DER ARCHITEKTEN

Atelier für Solararchitektur JORDAN
Ernst Michael Jordan
Projektmitarbeiter: Thomas Wimmer
Langenharterstraße 13
A-4300 St. Valentin
Telefon 00 43-(0)74 35-5 87 06
office@jordan-solar.at
www.jordan-solar.at

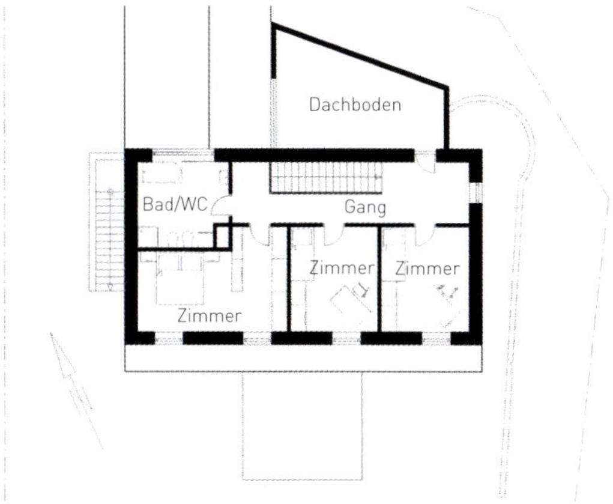

Obergeschoss

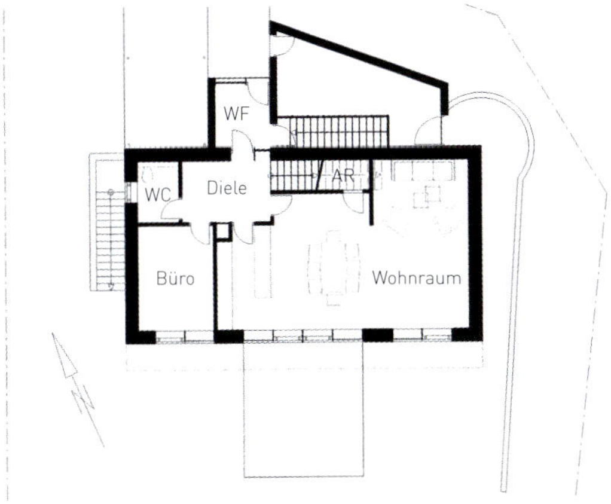

Erdgeschoss

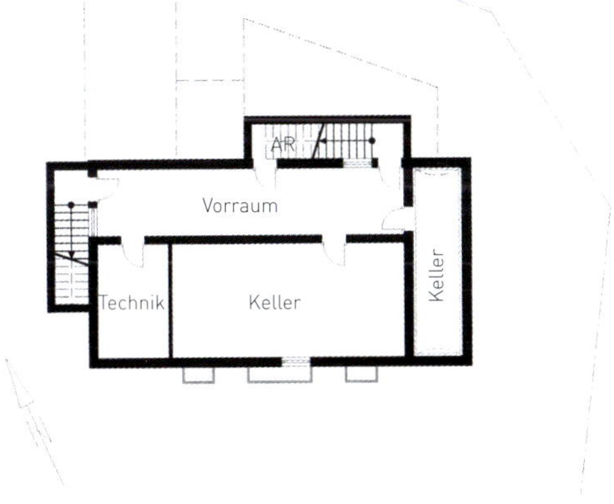

Untergeschoss

und das Treppenhaus als Klimapuffer. Ein in die Südfassade integrierter Sonnenkollektor erwärmt das Brauchwasser und dient zudem der Heizungsunterstützung.

NACHWACHSENDE ROHSTOFFE AUS DER UMGEBUNG UND WOHNGESUNDE MATERIALIEN

Das gesamte Tragwerk ist in für die Erbringung von Eigenleistung sehr gut geeigneter Holzkonstruktion erstellt worden, die Fassadenverschalung besteht aus sägerauen, unbehandelten Lärchenholzbrettern – beides Erzeugnisse aus heimischen Wäldern! Auch das Holz für die Innentüren und die Fußböden wurde »um die Ecke« gewonnen und verarbeitet. Zusammen mit dem Lehmputz an den Innenwänden werden Schwankungen der Luftfeuchtigkeit ausgeglichen, das Raumklima ist höchst angenehm.

SPARSAMKEIT ALS KONZEPT

Jeder einzelne Planungsschritt hatte mit das Ziel, die Baukosten niedrig zu halten. Neben der einfachen Gebäudeform und Bauweise, dem grundsätzlich sparsamen Umgang mit Materialien und der Verwendung möglichst wenig bearbeiteter, also günstigerer Produkte tragen dazu auch die Verwendung einheitlicher Bauteile bei. Die Entscheidung für ein Pultdach anstelle einer komplizierter konstruierten Dachform sparte nicht nur hinsichtlich des Materialbedarfs, sondern ging auch auf die bessere Eignung für Eigenleistung zurück. Die ausgewählten Faserzement-Wellplatten zählen zu den absolut günstigsten Dachdeckungsmaterialien. Durch eine – abgesehen vom Einblasdämmstoff – sehr eigenleistungsfreundliche Konstruktionsweise war es den Bauherren möglich, einen beträchtlichen Teil der Gewerke selbst zu erbringen und dadurch Finanzmittel einzusparen. Nahezu der gesamte Innenausbau erfolgte durch die Bauherren selbst.

Ohne Schnörkel geplant, ist das Pultdachhaus in Konstruktion und Materialeinsatz ganz auf Sparsamkeit sowohl bei Bau- als auch bei Unterhaltskosten ausgerichtet und erreicht doch hohe ökologische Standards. Zum Garten hin öffnet sich das Gebäude und fängt wirkungsvoll die Sonnenstrahlen ein. Aufenthaltsbereiche auf Terrasse und durchlaufendem Balkon machen das Leben im Freien zum natürlichen Bestandteil der Architektur.

MULTIFUNKTIONAL

Ein Haus zum Arbeiten – oder auch zum Leben

Wie ein Keil schiebt sich das von den Architekten Stumpf und Wolfinger geplante Gebäude dem Betrachter entgegen. In seiner Klarheit und Eleganz würde man es in dieser Umgebung kaum erwarten. Aktuell als höchst repräsentatives Bürogebäude eines Autohandels genutzt, wurde schon bei der Planung an eine mögliche spätere Nutzung als privates Wohnhaus gedacht.

UNVERWECHSELBARE ERSCHEINUNG, EINDEUTIGES RAUMKONZEPT

Unter dem westseitig weit auskragenden Obergeschoss ist Platz für die besonders wirkungsvolle Präsentation zweier Automobile. Bei einer Umnutzung zum Wohnhaus könnten in dem Bereich unter der Auskragung zwei weitere Zimmer entstehen.

Das architektonische Konzept arbeitet mit dem Eindruck von Leichtigkeit. Das Obergeschoss scheint über dem Empfangsbereich zu schweben. Von Norden und Süden gleichermaßen zugänglich, umfasst das Erdgeschoss lediglich eine Empfangstheke und einen ostseitig zugeordneten Lagerraum. Eine puristische Betontreppe, die durch ein hohes und schmales Fenster durch stets wechselnde Lichtspiele akzentuiert wird, führt zum Obergeschoss. Südseitig befindet sich der heutige Büroraum mit vier Arbeitsplätzen, später könnte hier der Wohn- und Essbereich entstehen. Bad/Toilette und Teeküche sind dem Hauptraum mittels einer »Holz-Box« eingeschrieben. Ein heute als Besprechungsraum genutztes kleineres Zimmer auf der Ostseite ist vom Hauptraum und Treppenhaus durch eine Schiebetür getrennt. Dies wäre in der Zukunft sicherlich der perfekte Platz für ein Schlafzimmer. In Entsprechung zur Westseite ist auch die Ostseite großflächig verglast, was sich sowohl auf die Arbeitsatmosphäre als auch später einmal auf das Wohngefühl positiv auswirkt. Klare Formen und Materialien sowie ein klares Farbkonzept prägen die Innenarchitektur.

Links: Architektur mit Charakter: Die Gesamtansicht von Norden zeigt die Grundform mit dem kleinen Erdgeschoss und dem östlich und vor allem westlich auskragenden Obergeschoss.

Rechte Seite: Das Gebäude bei Nacht, eindrucksvoll illuminiert.

EIN SPIEL MIT RAUHEIT UND ELEGANZ

Die statisch anspruchsvolle Planung mit dem weit auskragenden Obergeschoss führte – neben dem Kostenaspekt – mit zur Entscheidung für eine Stahlbetonkonstruktion aus Fertigteilen. Tragende Elemente sind hierbei die Längswände, die auf dem Sockel aufsitzen und an der Sockelrückwand angehängt wurden. Alle Decken und Querwände sind an diesen Wandplatten befestigt. Um die Geradlinigkeit der Architektur und die aktuelle technische Nutzung des Gebäudes zu unterstreichen, verblieben die Innenwände vollständig in Sichtbeton. Die Fassaden wurden im Erdgeschoss verputzt, im Obergeschoss mit anthrazitfarbenen Faserzementtafeln verkleidet.

Geschlossene Flächen finden ihren Gegensatz in Glasfassaden und großzügig dimensionierten Fenstern. Den beiden komplett verglasten schmalen Seiten – West und Ost – stehen zwei lange Fensterbänder auf der Nord- und Südseite gegenüber. Handwerklich feine Oberflächen der Fensterkonstruktionen aus geölter Hemlocktanne, der Möbel und der Innenwandverkleidung bilden den Kontrast zum industriell bestimmten Material Beton. Bei aller Außergewöhnlichkeit der Architektur war stets die Zielsetzung im Blick, einen seriösen und ruhigen Rahmen für eine anspruchsvolle Kundenklientel zu schaffen. Die bewusst einfache Formgebung ohne komplizierte Details ermöglichte es, günstig zu bauen, sodass am Ende sogar noch genügend finanzieller Spielraum für die Anbringung der aufwändigen Fassaden-

verkleidung war. Unter den Fassadentafeln im Obergeschoss befinden sich im Übrigen noch vorbereitete Öffnungen, in die bei Umwandlung zum Wohnhaus problemlos zusätzliche Fenster eingebaut werden können. Auch die Haustechnik ist bereits auf eine mögliche Wohnnutzung ausgelegt.

Das Gebäude nutzt seine außergewöhnliche Architektur in perfekter Weise, um die Aufmerksamkeit auf sich und das betriebene Unternehmen zu lenken, somit mittelbar Image zu bilden. Dabei ist nichts effekthascherisch, sondern bleibt bewusst zurückhaltend und im Gesamtbild stimmig. Bemerkenswert ist auch die bereits mit konzipierte mögliche Umwidmung zum Wohnhaus. All dies erfolgt in einem ausgesprochen günstigen Kostenrahmen.

Oben: Blick zum Treppenabgang mit Durchblick zum ostseits situierten Besprechungsraum.

Oben links und linke Seite: Blick zum Arbeitsraum, der später als großes Wohnzimmer dienen kann.

Links: Die in den Raum gestellte »Holzbox« nimmt die Küche und das WC auf.

Links Mitte und unten: Auch der Besprechungsraum ist durch eine große Glasfassade bestens belichtet und besitzt damit eine optimale Arbeitsatmosphäre.

BAUDATEN

Standort: Königsbrunn bei Augsburg
Bauzeitraum: 2004 (3 Monate)
Grundstücksfläche: ca. 800 m²
Nutzfläche: ca. 90 m²
Erweiterungsmöglichkeit im Erdgeschoss auf gesamt 140 m² Wohnfläche
Kosten sparende Aspekte: kompakter Baukörper, einfache Formgebung ohne aufwändige Details, Stahlbetonfertigteile, kurze Bauzeit, kein Estrich, keine Oberflächenbearbeitung der Innenwände, alle Installationsleitungen im Medienkanal
Baukosten gesamt: 180.000 Euro

ADRESSE DES BAUHERRN

Auto Hecht
Inhaber Markus Hecht
Landsberger Straße 41a
D-86343 Königsbrunn
Telefon/Fax: 08231-8 59 93
Mobil 0171-3 23 85 95
markus@automobile-hecht.de

ADRESSE DER ARCHITEKTEN

Architekten Stumpf + Wolfinger
Projektmitarbeit: Richard Kende
Annastraße 12
D-86150 Augsburg
Telefon: 0821-3 46 34 00
info@stumpf-wolfinger.de
www.stumpf-wolfinger.de

ADRESSE DES STATIKERS

Ingenieurbüro Reisch
August-Vetter-Straße 25
D-86152 Augsburg
Telefon: 0821-22 81 81-0
info@ib-reisch.de

Rechts: Bei einem späteren Umbau zum Wohnhaus kann das Erdgeschoss um 50 Quadratmeter erweitert werden, indem die Bereiche unter den Auskragungen durch Wände geschlossen werden.

Rechts unten: Durch ein hohes stehendes Fenster auf der Südseite entstehen im Bereich des Treppenaufgangs faszinierende Lichtwirkungen.

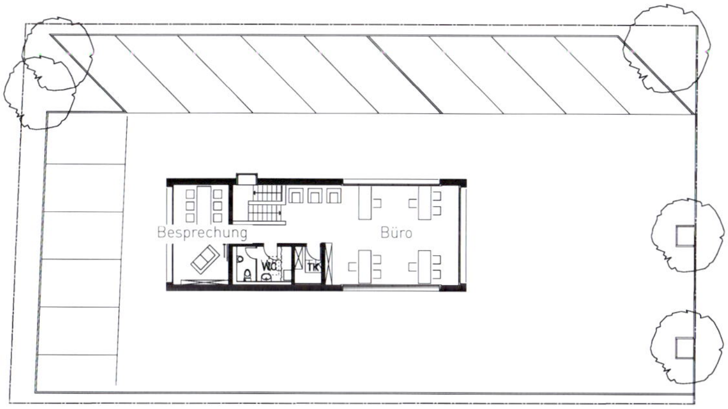

Obergeschoss

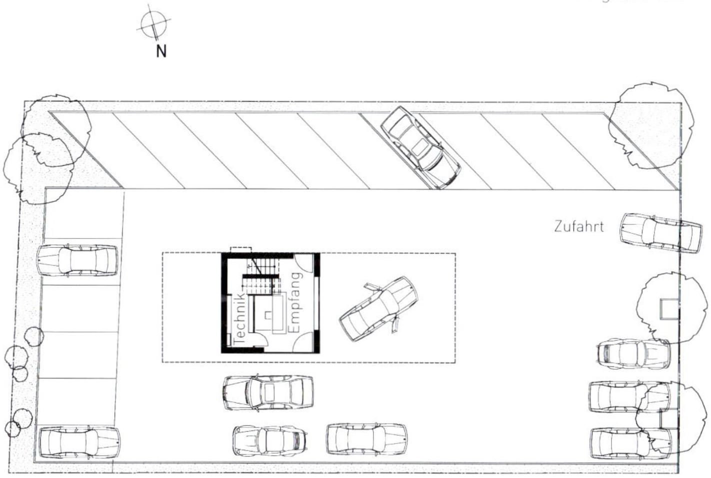

Grundriss Erdgeschoss

AUS DREI MACH EINS

Ein villenartiges Gebäude mit drei Wohneinheiten

Wohnhäuser für mehrere Parteien ähneln in den meisten Fällen allem Möglichen, sind aber fast nie mit Einfamilienhäusern zu verwechseln. Im Gegensatz dazu besitzt das Projekt von Sabine und Manuel Thesing nicht nur auf den ersten Blick sogar das äußere Erscheinungsbild und viele innere Qualitäten einer modernen Villa. Die imposante Grundfläche von 210 Quadratmeter spricht für sich. Großzügige Erschließungszonen und ein Zugangs- und Gartenbereich ohne Abgrenzungen unterstreichen diesen Charakter.

SOLITÄR WOHNEN UNTER EINEM DACH

Angepasst an den vorhandenen Charakter der Bebauung im Wohngebiet, das primär Häuser mit bis zu drei Wohneinheiten umfasste und die entsprechenden Vorgaben des Bebauungsplans entwarfen die Architekten Sabine und Manuel Thesing ein Konzept, das sich in der Grundanlage daran orientierte. Allerdings lag – neben der spezifischen architektonischen Qualität – die Besonderheit bei diesem Projekt darin, dass die einzelnen Gebäudeteile den Charakter selbstständiger Häuser besitzen sollten. Im Erdgeschoss befinden sich zwei identisch organisierte und gegliederte Wohneinheiten mit jeweils genau 130 Quadratmeter Wohnfläche – entsprechend der eines Einfamilienhauses für eine Familie mit ein bis zwei Kindern! Die Grundrisse wurden im Grunde »gespiegelt«. In beiden Fällen erfolgt der Zugang von der südlichen Straßenseite, auf der gegenüberliegenden Seite befinden sich die Gärten. Die dritte Wohnung »thront« gleich einem Penthouse auf dem Erdgeschoss und besitzt anstelle des Gartens eine große Dachterrasse, die gleichzeitig als »Abstandsfläche« wirkt. Die Privatheit bleibt gewahrt, denn die Eingangsbereiche im Erdgeschoss sind gegeneinander abgeschirmt, das »Penthouse« bildet eine kleine Welt für sich.

MEHRGENERATIONENNUTZUNG INKLUSIVE – BARRIEREFREIES WOHNEN IM ALTER

Obgleich das Haus für eine Vermietung bestimmt war und auf absehbare Zeit auch entsprechend genutzt wird, wurde bereits bei der Planung an einen eventuellen späteren Einzug der Eigentümer, Stephany und Gerhard Kerstges, gedacht. Die untere, gegebenenfalls für die Eltern bestimmte Ebene ist deshalb von vorneherein barrierefrei konzipiert und rollstuhlgeeignet. Insgesamt ist zu sagen, dass jede der beiden Wohneinheiten auf der Erdgeschossebene mehr Großzügigkeit vermittelt als so manches Einfamilienhaus. Ausschlaggebend hierfür sind vor allem die Vereinigung aller Räume auf einem Stockwerk und der klare, wo immer möglich offene Grundriss. Das Leben im Haus vermittelt ein Gefühl von Weite, die Räume sind dank der nur wenigen Innenwände und der großen Fensterflächen stets angenehm hell.

VORFERTIGUNG UND REDUZIERTES BAUEN

Die mit unter 150.000 Euro erstaunlich günstig realisierten »Doppelhaushälften« im Parterre profitierten von einer »Planung mit dem spitzen Bleistift« und einer genauen Kostenkontrolle durch die Architekten. Durch die Verwendung zahlreicher Betonfertigteile, so etwa für Kellerwände und Decken, sparte man beträchtlich Arbeitslohn und Bau-

Rechte Seite: »Come una villa«: Gesamtansicht des Wohnhauses von Südosten (oben) und von Osten. Die Solaranlage mindert die laufenden Energiekosten.

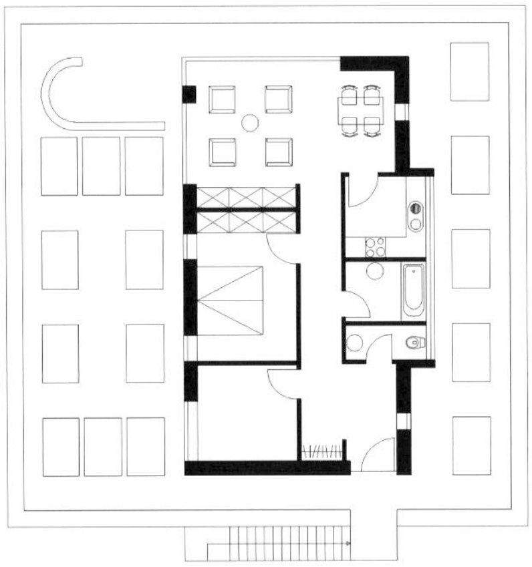

Dachgeschoss

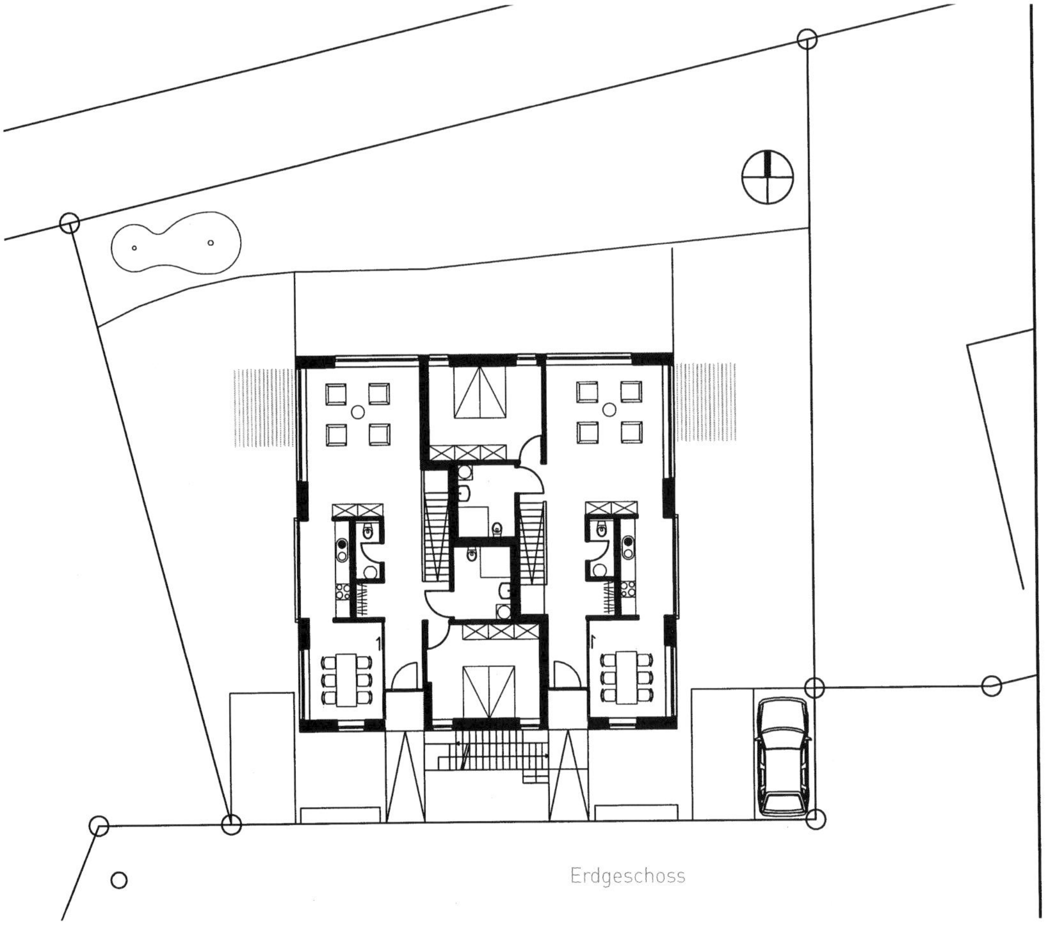

Erdgeschoss

Rechte Seite: Ansicht des sehr klar gegliederten Eingangsbereichs mit einer Erdgeschosswohnung und der oberen »Penthouse-Wohnung«. Die äußere Erschließung sparte Finanzmittel ein und vergrößerte die nutzbaren Wohnflächen erheblich.

zeit. Der vorherrschende offene Grundriss ermöglichte die Einsparung von Innenwänden. Gemeinsame Wände und Decken beziehungsweise Böden, die sich aus dem planerischen Konzept ergeben, verringerten die Investitionskosten je Wohneinheit. Einfache und kostengünstige, jedoch langfristig wertige Materialien traten an die Stelle unnötiger »Luxusprodukte«. Auf dem Flachdach montierte Solarkollektoren, die der Brauchwassererwärmung und Heizungsunterstützung dienen, sorgen zusätzlich für eine Verringerung der Betriebskosten.

Ein Drei-Familien-Haus, das wie eine moderne Villa aussieht und auch deren Wohnqualität besitzt – ein schon in dieser Hinsicht höchst ungewöhnliches Projekt. Vollends herausragend wird die äußerst gelungene »Bungalow-Penthouse-Mélange« aber durch die extrem günstigen Baukosten.

Oben und rechte Seite: Wandscheiben strukturieren die großen, barrierefreien Räume im Erdgeschoss. Fließende Übergänge schaffen Weite und großzügige Belichtungen.

BAUDATEN

Standort: Heiden/Westfalen
Bauzeitraum: 2003 (6 Monate)
Wohnfläche: zwei Wohneinheiten mit je 130 m², eine Wohneinheit mit 86 m²
Grundstücksfläche: 690 m²
Kostensenkende Faktoren: Einsparung bei Baumassen durch sparsamen Umgang mit Materialien und doppelte Nutzung (Decken, gemeinsame Wände), einfache Kubatur, klare Grundrissorganisation, einfache Konstruktionen und Materialien, hoher Vorfertigungsgrad, kurze Bauzeit, Verwendung einheitlicher Bauteile (z.B. Fenster), Flachdächer mit Bitumenabdichtung
Baukosten gesamt brutto: für die beiden Wohneinheiten mit je 130 m² jeweils unter 150.000 Euro, für die Wohneinheit mit 86 m² unter 100.000 Euro

ADRESSE DER ARCHITEKTEN

Thesing & Thesing
Sabine und Manuel Thesing
Buchenstraße 4
D-46359 Heiden/Westfalen
Telefon 0 28 67-9 55 07
arch.thesing@t-online.de

SCHWEBEND VERANKERT

Ein Hang-Haus für eine Familie

An einem sanften Hangabfall am Rand des oberösterreichischen Dorfes streckt sich ein hoch aufragender Baukörper aus Holz und Glas zur westlichen Zufahrtsstraße. Ein senkrechtes Glasband, das vom Eingangsbereich im Untergeschoss bis ins zweite Wohngeschoss durchläuft, und schmal dimensionierte Stahlstützen »ziehen« das Gebäude nach oben und geben ihm vor allen Dingen den Eindruck von großer Leichtigkeit.

AUFGESTELZT UND EINGESCHOBEN

Die auffallendste Besonderheit des von Ernst Michael Jordan geplanten Einfamilienhauses besteht sicherlich in seiner fast »hybriden« Qualität als einerseits dem Boden verhaftetes Gebäude, das nach Osten in den Hang hineingeschoben zu sein scheint und, andererseits seinem fast schwebend wirkenden »alter ego«, der westlichen Gebäudehälfte. Die beiden oberen Geschosse kragen hier deutlich über das Untergeschoss aus, der Baukörper erinnert damit an einen modernen, sehr filigran gearbeiteten Hochsitz.

TRANSPARENZ, LICHTFÜHRUNG UND ENERGIEGEWINN

Das im Westen deutlich unter die erste Etage eingezogene Untergeschoss, das auch als zusätzlicher Carport genutzt werden kann, ist gleichzeitig Eingangs- und Erschließungsbereich des Hauses. Trotz der hier untergebrachten Funktionsräume für Hauswirtschaft, Fahrräder und Werkstatt erinnert kaum etwas an einen Keller, denn ein schmaler, aufgekiester Lichthof südlich der Eingangsdiele sorgt zusammen mit einer großflächig verglasten Außenwand selbst bei bedecktem Himmel für üppige Helligkeit. Durch eine bis zur Traufe durchlaufende senkrechte Verglasung auf der Südseite reichlich illuminiert, erschließt das Treppenhaus sämtliche Wohnebenen. Im Winter heizt es mittels der Sonnenstrahlen das Haus dadurch mit, dass es praktisch als Kamin wirkt, in dem die Warmluft nach oben steigt und sich in den Räumen verteilt.

Links: Das Haus öffnet sich nach Süden, zur Sonne.

Rechte Seite: Das Gebäude scheint über dem Eingang zu schweben. Die Terrasse ist von der Straße nicht einsehbar.

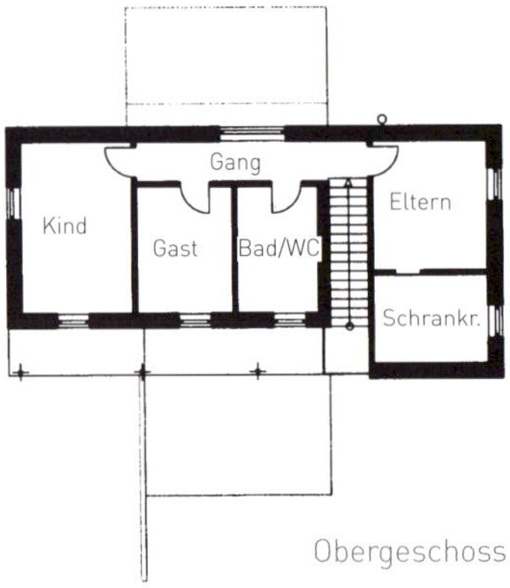

Obergeschoss

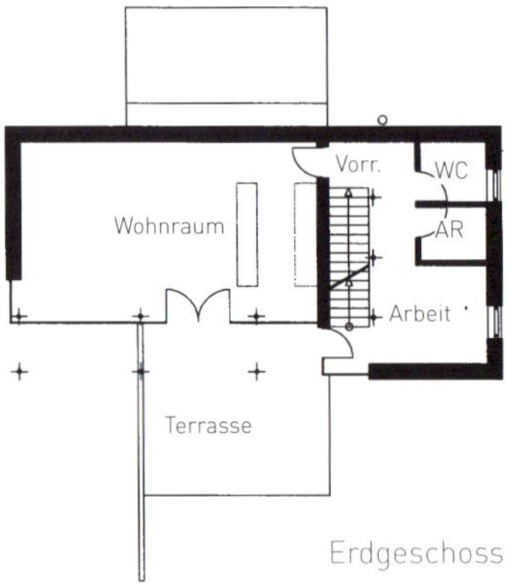

Erdgeschoss

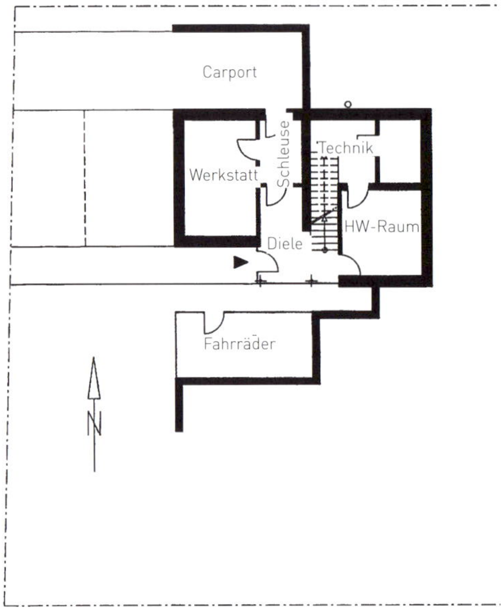

Untergeschoss

Der Wohn-, Ess- und Kochbereich im Erdgeschoss profitiert direkt von der passiven Nutzung der Sonnenenergie: ein über die Südfront und um das südwestliche Hauseck geführtes, geschosshohes Glasband holt in der kalten Jahreszeit Wärme herein. Durch den als Vordach wirkenden Balkon werden im Sommer unerwünscht intensive Sonnenstrahlen abgehalten. Die überwiegend gläserne Erscheinung des Erdgeschosses macht das Haus im Eindruck nochmals etwas leichter. Die mit eher privatem Charakter versehenen Zimmer des Obergeschosses besitzen schmale, sehr regelmäßig angeordnete Fenstertüren, die die holzverschalte Fassade wirkungsvoll strukturieren.

INDIVIDUELLES INTERIOR-DESIGN MIT STIL

Ein großer Teil des Mobiliars im Wohn-, Ess- und Kochbereich wurde vom Hausherrn selbst entworfen – und auch selbst gebaut, wobei ihm seine Erstausbildung als Tischler von großem Nutzen war. Unter anderem sind die gesamten Küchenmöbel sowie die Wandverkleidung in Eigenbau ausgeführte Entwürfe. Hinsichtlich der Materialien entschied er

Linke Seite beide: Von der Eingangsseite wird die filigrane Qualität der Architektur besonders deutlich.

Oben: Die großzügige, holzgedeckte Terrasse ist direkt beim großen Wohnraum angelegt worden. Rechts der Durchblick zum Treppenhaus.

Alle: Der Ess- und Kochbereich ist durch die vom Hausherrn designten und gefertigten Küchenzeilen und die geschosshohen Verglasungen geprägt.

sich für zeitgemäße und wertige, preisgünstige Holzwerkstoffplatten in unterschiedlicher Ausführung. Die Kücheneinheiten bestehen aus elfenbeinfarben lackierten, formverleimten Spanplatten, die Wandverkleidungen besitzen ein damit konstrastierendes dunkles Nussholzfurnier. Die dem Treppenhaus im Erdgeschoss eingeschriebene Funktionsraum-Einheit mit Abstellraum und WC ist eine ebenfalls mit Holzwerkstoffplatten – hier in Birkenfurnier – hergestellte Box.

Gerade mit dem richtigen Maß an Bodenhaftung versehen, vereinigt das Haus eine transparente, von visueller Leichtigkeit geprägte Außenwirkung mit einer Innenraumgestaltung auf höchstem Niveau. Die großen Glasflächen versinnbildlichen in der gegebenen Ortsrandlage mit direkter Verbindung zur offenen Flur in perfekter Weise die Durchgängigkeit zwischen Innen- und Außenraum.

Linke Seite oben: Auch die Wandverkleidung der Sitzecke ist ein Werk des Bauherrn.

Linke Seite unten links: Blick zur Eingangstüre im Untergeschoss.

Linke Seite unten Mitte: Hängeschränke und Mobiliar im Bad mit individueller Handschrift.

Linke Seite unten rechts: Ausblick vom Treppenhaus in die Landschaft.

Unten: Große Glasflächen und eine so transparent wie möglich gestaltete Treppe gewährleisten beste Belichtungsverhältnisse.

BAUDATEN

Standort: Oberösterreich
Bauzeitraum: 2000–2002 (ca. 20 Monate)
Wohnfläche: 152 m²
Grundstücksfläche: ca.900 m²
Kostensenkende Faktoren: geschlossene Kubatur, grundsätzlich bewusst sparsamer Umgang mit Materialien, Verzicht auf unnötige Innenwände, Verwendung naturbelassener oder wenig behandelter Produkte (z.B. Lärchenholzschalung), einheitliches Konstruktionsraster, einfache Konstruktionen und kostengunstige Lösungen (z.B. möglichst viele Fixverglasungen, Holzwerkstoffplatten im Innenausbau, Verzicht auf Setzstufen bei der Treppe), Verwendung einheitlicher Bauteile (z.B. Fenster), Holz-Leichtbauweise (wegen Eignung für Eigenleistung), Pultdach mit Bitumenabdichtung, Eigenleistung (ca. 30% der Handwerkerleistungen)
Baukosten: 189.00 Euro

ADRESSE DER ARCHITEKTEN

Atelier für Solararchitektur JORDAN
Ernst Michael Jordan
Langenharterstraße 13
A-4300 St.Valentin
Telefon 00 43-(0)74 35-5 87 06
office@jordan-solar.at
www.jordan-solar.at

WOHNEN IN DER »BLACK BOX«

Ein Passivhaus mit Textilfassade

Fast alle der in diesem Buch vorgestellten Häuser erregten bei Passanten und Nachbarn einiges Aufsehen. Dies trifft in besonderem Maß für das von Architekt Walter Unterrainer geplante Haus der Familie Längle-Ess zu, denn das äußere Erscheinungsbild des Gebäudes ist nicht etwa durch Putz oder eine Holzverschalung geprägt, sondern besteht aus einem völlig neuartigen Werkstoff, der alte Sehgewohnheiten in Frage stellt. Nicht selten war die Frage zu hören, wann denn die Fassaden »fertig gemacht« würden.

EIN HAUS TRÄGT SCHWARZ

Da Ulrike Ess und Dieter Längle nicht nur ein architektonisch zeitgemäßes, sondern auch günstiges Haus mit viel Möglichkeit zum Einbringen von Eigenleistung haben wollten, fiel zunächst die Grundsatzentscheidung für die Holzbauweise. Nicht nur hier, sondern in allen Planungsdetails und allen Phasen des Bauablaufs spielte die Vermeidung unnötiger Kosten eine zentrale Rolle. Äußeres »Symbol« hierfür sind die ganz aus einem schwarzen Textilvlies bestehenden Fassaden. Wetterfest und haltbar, bestehen die Vorteile der Textilfassade zum einen in ihrem konkurrenzlos günstigen Materialpreis von etwa 6,00 Euro je Quadratmeter und zum anderen in ihrer hervorragenden Eignung fürs Selbermachen. Mittels Edelstahlschrauben konnte das Vlies von den Bauherren problemlos auf der darunter liegenden Lattung/Konterlattung aufgebracht werden. Abgesehen von den verglasten Fassadenteilen stellt sich das Haus nun als Gesamtheit zweier zusammenhängender, winkelförmig zueinander positionierter schwarzer Kuben dar – das Wohngebäude zweigeschossig, das lang gestreckte Nebengebäude mit Dachterrasse eingeschossig. Auf der Straßenseite durchbricht nur der Eingangsbereich die verhüllte Erscheinung, zum Garten lösen große Fensterfronten die Geschlossenheit auf.

SPAREN OHNE ABSTRICHE BEI ÄSTHETIK UND KOMFORT

Da das Haus insbesondere vom Garten her sehr großzügig belichtet wird, verteilt sich die Helligkeit durch verglaste Innenwände optimal in den Räumen. Somit wurde es möglich, auf der Straßenfassade weitgehend auf eine Befensterung zu verzichten, damit Herstellungs- und Montagekosten einzusparen und gleichzeitig die Arbeiten an der Außenwand zu vereinfachen und zu beschleunigen. Die mit fast 53 Quadratmetern sehr großzügig dimensionierte Dachterrasse erhielt eine Brüstung aus grau gestrichenen OSB-Platten, die auf der Außenseite von Textilvlies kaschiert und dadurch in das ganzheitliche Fassadenbild einbezogen sind. Der Terrasse zugeordnet sind das Elternschlafzimmer und eine Sauna im Obergeschoss. Von beiden Räumen öffnen sich große Fenstertüren nach draußen. Sämtliche Fensterrahmen sind in witterungsbeständiger Douglasie gefertigt und gewähr-

Linke Seite und unten: Ansicht des Gebäudes von der Gartenseite (linke Seite) und von der Straße mit dem angebauten Nebengebäude.

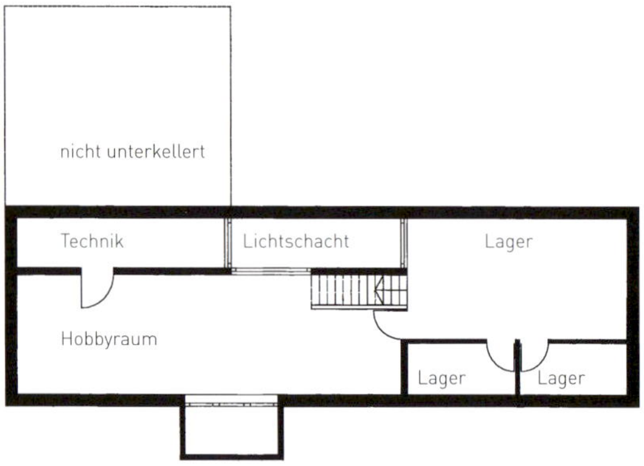

Untergeschoss

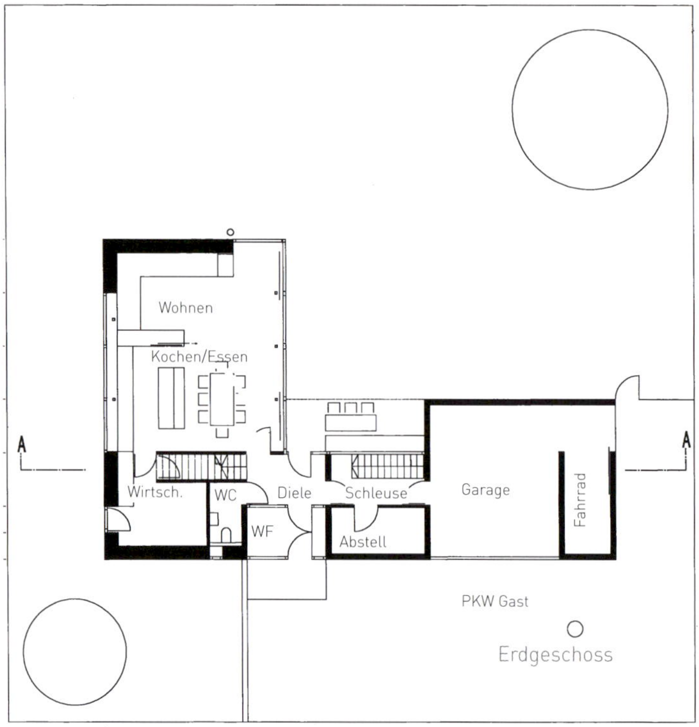

Erdgeschoss

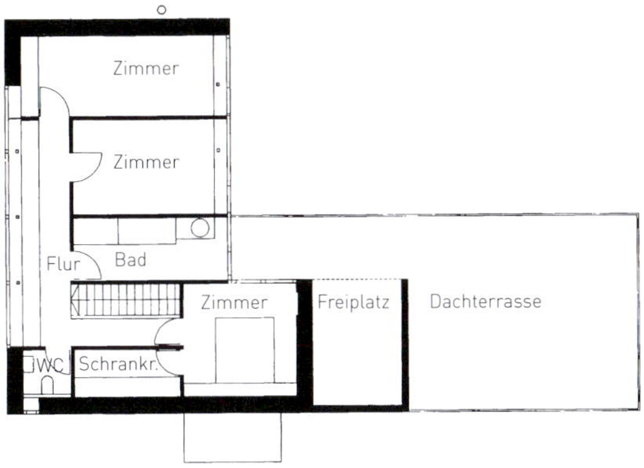

Obergeschoss

Linke Seite: Blick über Eck zur Terrasse: Rechts der Wohnraum, links das Nebengebäude.

Rechts oben: Das Obergeschoss spielt mit der Wechselwirkung offener und geschlossener Flächen.

Rechts unten: Zum Garten orientierte Wohnräume, Schlafzimmer und Bäder profitieren von großen Fensterflächen.

leisten damit eine ökonomisch sinnvolle lange Lebensdauer. Das überwiegend verlegte Industrieparkett ist nicht nur sehr günstig und immens belastungsfähig, sondern wirkt auch ausgesprochen hochwertig. Naturfarbene Holztüren mit glatten Türblättern und Beschlägen aus gebürstetem Edelstahl widerlegen jegliches Vorurteil gegenüber kostengünstigem Bauen.

Dass man mit günstigen und gleichzeitig innovativ eingesetzten Materialien sowie einer klaren Formensprache eindrucksvolle und höchst individuelle Architektur schaffen kann, beweist das Haus der Familie Längle-Ess. In stilvolles Schwarz gehüllt, kommt insbesondere die überlegte Fassadengestalt umso deutlicher zum Ausdruck.

Links: Ausblick vom Badezimmer im Obergeschoss.

Unten links: Klar gestaltete Nurglas-Duschkabine.

Unten rechts: Die Treppe zum Obergeschoss.

Rechte Seite oben: Die Küchenschränke fungieren gleichzeitig als Raumabteilung zur Sitzecke.

Rechte Seite Mitte: Blick vom Wohnraum in den Garten.

Rechte Seite unten: Auch funktional untergeordnete Bereiche sind bis ins Detail durchgestaltet. Links der Abgang zur Kellertreppe.

BAUDATEN

Standort: Vorarlberg/Österreich
Bauzeitraum: 2003–2004 (8 Monate)
Wohnfläche: 139 m²
Grundstücksfläche: 716 m²
Kostensenkende Faktoren: einheitliches Konstruktionsraster, einfache Kubatur, einfache Konstruktionen, Verwendung einheitlicher Bauteile (z.B. Fenster), Holzbauweise (wegen Eignung für Eigenleistung), Flachdach mit Bitumenabdichtung, grundsätzlich bewusst sparsamer Umgang mit Materialien, Verzicht auf überflüssige Bauteile (z.B. nur zwei kleine Fenster auf der Straßenfassade), planmäßiger Einsatz günstiger Baustoffe mit Eignung für Eigenleistung (z.B. Textilvlies für Fassade, OSB-Platten als Terrassenbrüstungen, Industrieparkett als Bodenbelag), Verwendung naturbelassener oder wenig bearbeiteter Produkte, Eigenleistung (ca. 30% der Handwerkerleistungen), extrem kostengünstiger Betrieb, da Passivhaus
Baukosten: 198.000 Euro
(ab OK Kellerdecke, ohne Fotovoltaik)

ADRESSE DER ARCHITEKTEN

Walter Unterrainer
Atelier für Architektur
Marktgasse 17
A-6800 Feldkirch
Telefon: 00 43-(0)55 22-7 46 84
office@architektur-unterrainer.com

DAS FELSEN-HAUS AN DER DONAU

Ein großzügiges Einfamilienhaus der ungewöhnlichsten Art

Nach vielen Jahren gemeinsamen Lebens im Stadtzentrum von Regensburg wuchs bei Renate und Markus Gierstorfer der Wunsch nach einer ruhigen Bleibe in grüner Umgebung, wo auch die beiden Kinder bessere Entfaltungsmöglichkeiten vorfinden würden. Ein außerhalb der Stadt gelegenes Grundstück an der Donau, das zur Zeit der Besichtigung noch mit einem Haus bebaut war, schien wie geschaffen für die Verwirklichung der eigenen Pläne. Die mit über 5.000 Quadratmeter riesige Parzelle umfasste zum großen Teil einen steilen Felshang und Laubwald. Rechtliche Bebaubarkeit lag allerdings nur bei dem südlichen, lediglich 250 Quadratmeter großen Teilareal vor. Deshalb blieb dem Bauherrn und Architekten im Grunde gar keine andere Wahl, als in die Höhe zu planen – ein »Zwang«, der dem Ergebnis sehr zugute kam!

EIN MODERNES TURMGEBILDE

Eine schon aufgrund der Bauhöhe und des direkten Kontakts mit dem Fels gebotene massive Schale aus Sichtbeton außen und tragendem Ziegelmauerwerk innen mit Kerndämmung bilden die äußere Hülle. Drei Wohngeschosse sowie der auf Straßenniveau situierte Keller mit der südseits vorgelagerten Garage werden durch eine gemeinsame Innentreppe und eine ostseits verlaufende Außentreppe erschlossen. Die Hauptwohnebene im zweiten Obergeschoss mit weitem Blick über die Donaulandschaft befindet sich ganz oben, hier gehen der südliche Wohnbereich und der nördliche Koch- und Essbereich direkt ineinander über, ohne dass trennende Wände oder Türen den Blick versperren. Strukturiert wird der Raum einzig durch die tragende Stahlbetonscheibe des Treppenhauses. Nach Norden schließt sich zwischen Haus und Felswand eine großzügige Frühstücksterrasse an, die insbesondere an heißen Tagen willkommenen Schutz vor der Sonne bietet. Im ersten Obergeschoss und im Erdgeschoss sind südseitig durchgehende große Balkonterrassen vorhanden, die von den Kinderzimmern beziehungsweise vom Arbeitszimmer aus direkt betreten werden können. Da beide auf das jeweils vorkragende untere Geschoss aufgelagert werden konnten, entstanden keine zusätzlichen Kosten für Balkonkonstruktionen. Die großflächig verglasten südlichen Fassaden erhielten einen elektromotorisch betriebenen textilen Sonnenschutz, der es nicht zu einer Aufheizung der Innenräume kommen lässt.

Links und rechte Seite: Haus und Felsen gehen eine richtiggehende Symbiose ein. Links die der Küche zugeordnete Dachterrasse.

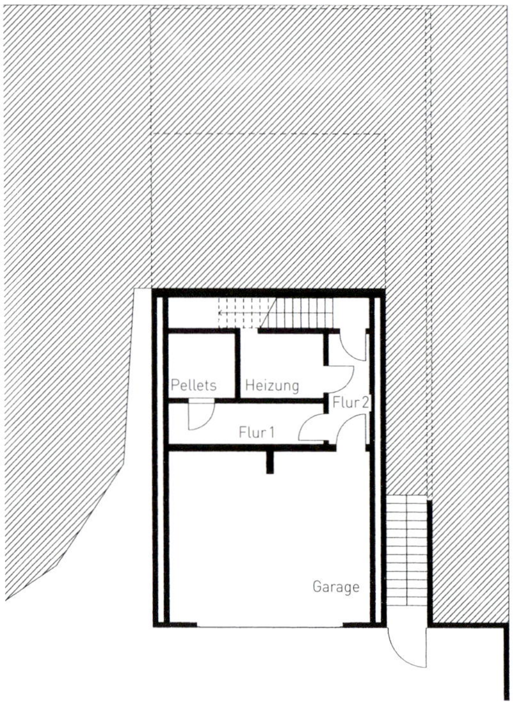

Kellergeschoss

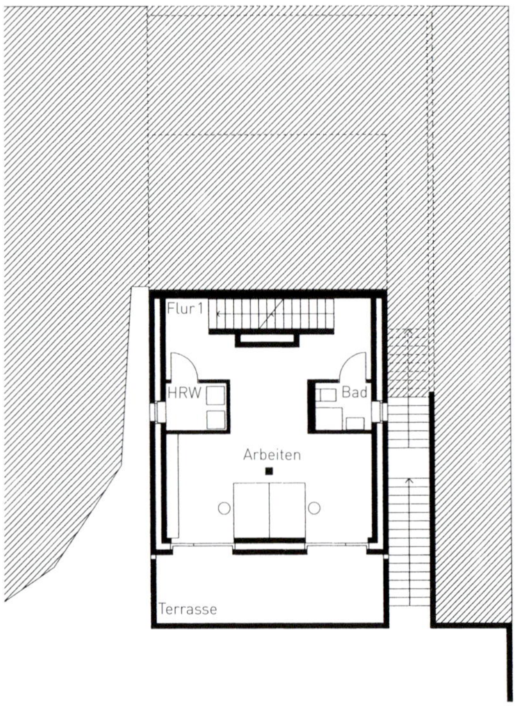

Erdgeschoss

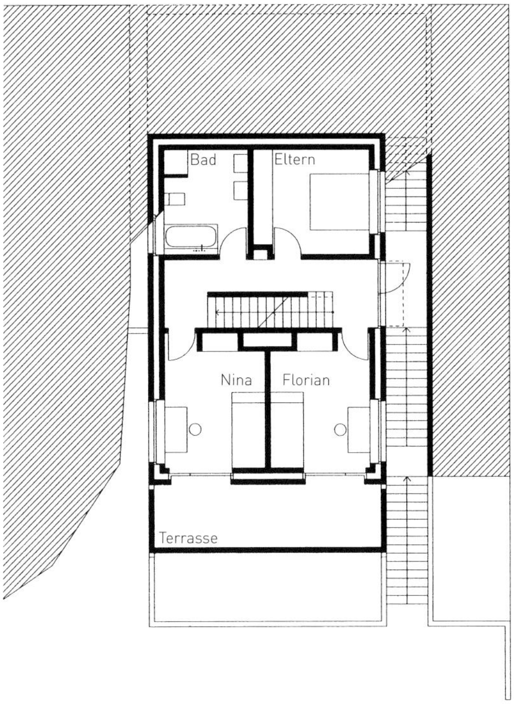

1. Obergeschoss

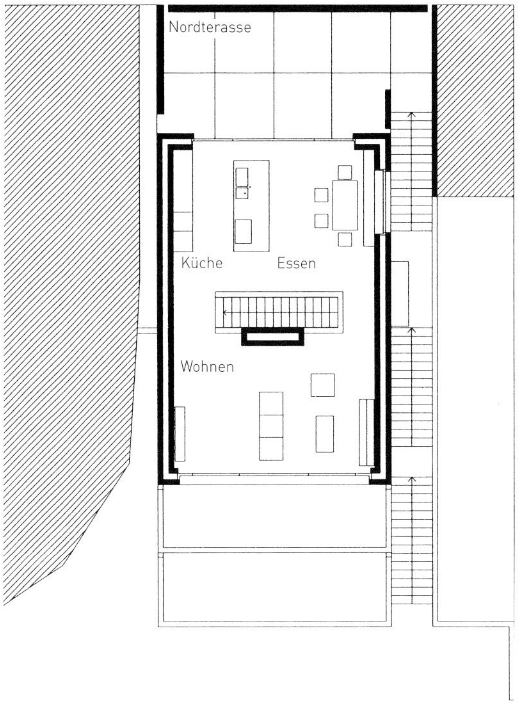

2. Obergeschoss

Linke Seite links: Renate Gierstorfer auf der Treppe zwischen Eingangs- und Wohngeschoss.

Linke Seite rechts: Hier wird die treppenartige Abstufung der Geschosse besonders deutlich.

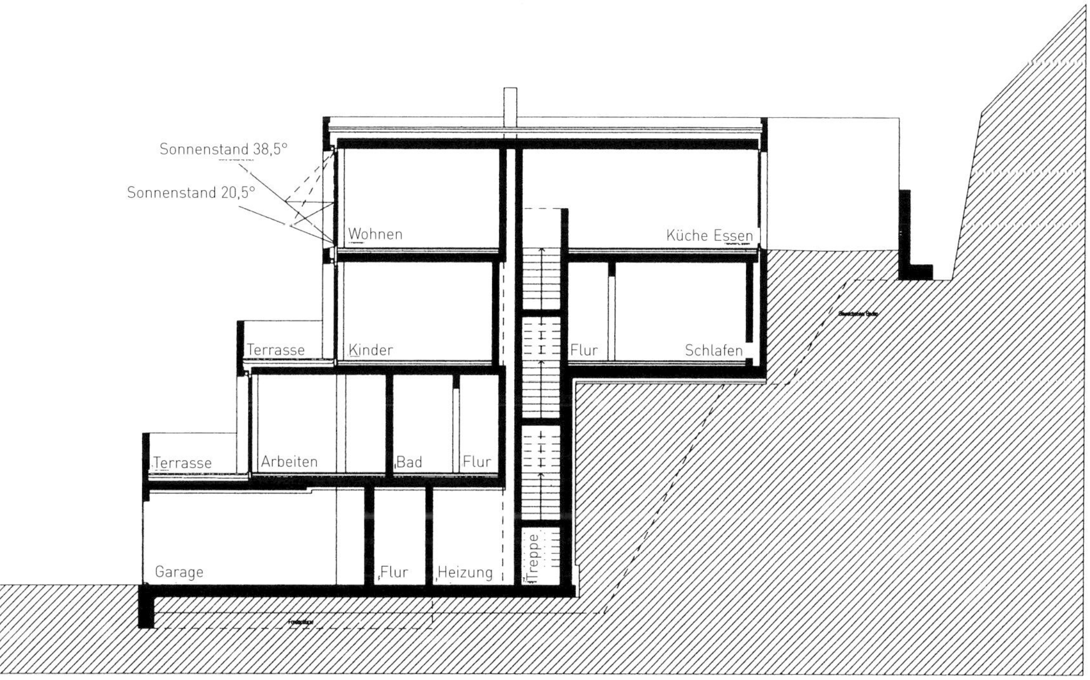

Schnitt

MIT DER LANDSCHAFT VERWACHSEN

Bei der Planung und den Bauarbeiten achtete man besonders darauf, geringstmöglichen Felsabtrag zu verursachen. Die Staffelung der vier Geschosse übereinander auf sehr kleiner Grundfläche leistet hierzu einen wichtigen Beitrag. Im täglichen Leben mit dem Haus spielt die Nähe des Felsens und des Waldes eine wichtige Rolle: Der Felshang bietet Schutz, die Bäume tun der Seele gut und schaffen gute Luft in Hülle und Fülle – ein wahres Kontrastprogramm zum Regensburger Stadtzentrum. Wenn erst die neue Treppe fertig ist, die von der Dachterasse direkt in den eigenen Wald führen soll, bleiben keine Wünsche mehr offen.

Um die Fassaden farblich an den vorhandenen Fels anzupassen, behandelten die Bauherren den Beton mit einem Algenmittel, was je nach Stärke des »Farbauftrags« rostrote bis blassgelbe Töne hervorbrachte. Dadurch wirkt das Haus im Grunde wie eine aus dem Fels geschlagene große Skulptur, keinesfalls wie ein Fremdkörper. Und das Gebäude verändert seine farbliche Wirkung ebenso wie der Fels mit Wetter und Sonnenstand! Neu gepflanzte, rechtwinklig angelegte Hainbuchen- und Feldahornhecken harmonieren im Herbst mit dem Gebäude und dem Fels.

HOHE ENERGIEEFFIZIENZ ALS ZUGABE

Das Haus der Familie Gierstorfer ist auch hinsichtlich des Wärmeschutzes und der Energietechnik auf Höhe der Zeit.

Hoch gedämmt und auf Luftdichtheit hin optimiert, bleiben die Wärmeverluste deutlich unter den in der Energieeinsparverordnung geforderten Werten, das Gebäude erreicht mit einem Jahresheizwärmebedarf von 33 Kwh/m²a einen sehr guten Niedrigenergiestandard. Eine Pelletsheizung erzeugt die benötigte Heizwärme, eine 9-m²-Kollektoranlage auf dem Flachdach übernimmt im Sommer allein, in der Übergangszeit zusammen mit der Heizung die Warmwasserbereitung.

Das »Haus im Felsen« ist ein architektonisch und innenarchitektonisch höchst außergewöhnliches Einfamilienhaus, das zusätzlichen Reiz aus seiner Lage direkt an der Felswand bezieht. Dass ein solches Gebäude auch noch so preisgünstig sein kann, ist umso bemerkenswerter.

Linke Seite und oben: Das oberste Geschoss ist dem Kochen, Essen und Wohnen vorbehalten. Die Durchgängigkeit des Raumeindrucks erlaubt es, sowohl den Felsen als auch die nah vorbeifließende Donau in den Blick zu nehmen.

Rechts oben: Im Badezimmer

Rechts unten: Bewusst geradlinig gehalten, unterstreichen die Treppen den Charakter der Architektur.

Linke Seite: Blick von der Küche zum Wohnbereich. Die Treppenbrüstung strukturiert wirkungsvoll den Raum.

BAUDATEN

Standort: bei Regensburg
Bauzeitraum: 2004 (ca.7 Monate)
Wohnfläche: 180 m²
Grundstücksfläche: 5.400 m²
(davon 250 m² bebaubar)
Kostensenkende Faktoren: Stahlbetonwand außen, einfaches Konstruktionsraster, klar strukturierter Grundriss, Verwendung einheitlicher Bauteile, Verzicht auf unnötige Innenwände und Türen, Verwendung kostengünstiger Materialien (z.B. Industrieparkett), Verzicht auf Nachbehandlung von Bauteilen (z.B. Sichtbetonwände), Flachdach mit Bitumenabdichtung, Eigenleistungsanteil in Höhe von ca. 31.500 Euro (Mauerarbeiten teilweise, Verputzarbeiten, Malerarbeiten, Fassadenkolorierung, Bodenbelagsarbeiten)
Baukosten gesamt brutto:
ca. 198.500 Euro

ADRESSE DES ARCHITEKTEN

Markus Gierstorfer
Obermünsterstraße 11
D-93047 Regensburg
Telefon 09 41-56 77 62
Telefax 09 41-5 99 98 88
info@markus-gierstorfer.de

LOGGIENHAUS INMITTEN DER NATUR

Ein Einfamilienhaus mit Blick auf den Bodensee

Am Rand der Vorarlberger Metropole Bregenz gelegen und doch in Wiesen eingebettet, nicht weit vom Wald entfernt, erhebt sich das Einfamilienhaus der Familie Milz auf einem weitläufigen Hanggrundstück. Durch die lang gestreckte Kubatur, die insgesamt geringe Gebäudehöhe, den fast »schwebenden« Charakter der Konstruktion und die Holzverschalung der Fassaden aus Weißtanne fügt sich der Baukörper bestmöglich in das naturnahe Umfeld ein.

EINE LOGGIA ALS ARCHITEKTURTHEMA

Eine bewusst unauffällige Zufahrt, die eher den Charakter eines einfachen Feldwegs besitzt, führt zum Haus und den zusammen mit Abstell- und Nebenräumen im Erdgeschoss untergebrachten Garagen. Im Innenhof, der das gestalterische und erschließungstechnische Zentrum des Hauses bildet, stellt eine Treppe die direkte Verbindung zur westseitigen Loggia dar. Diese fügt als über die gesamte Länge des Hauses laufendes Band die verschiedenen Nutzungsbereiche und den Innenhof zusammen. Das gleichmäßige Raster der Betonstützen unterstreicht den Rhythmus der Fassade. Auf der Loggia findet bei guter Witterung das tägliche Leben statt, denn sie ist von allen wichtigen Räumen des Obergeschosses aus direkt zugänglich und verbindet diese so miteinander. Selbst bei Nieselregen bietet sich hier eine geschützte Aufenthaltsmöglichkeit unter dem Dach. Die Loggia und eine auf der Südseite des Obergeschosses untergebrachte überdachte Terrasse ermöglichen ebenso einen unmittelbaren Kontakt zur Natur. Die süd- und westseitigen großflächigen Fensterfronten lassen stets einen ungehinderten Ausblick auf Bregenz und den Bodensee zu, das Loggiengeländer aus Stahl wurde dementsprechend besonders filigran und transparent gestaltet. Rückseitig blicken die Bewohner nur auf Blumen, Obstbäume und den nahen Wald. Ein zweiter Ausgang auf der Ostseite ermöglicht den direkten Zugang zur freien Natur.

Links und rechte Seite: Die Loggia mit ihren zahlreichen Möglichkeiten zum Aufenthalt im Freien ermöglicht es erst, die umgebende Naturlandschaft und die vielfältigen Ausblicke bestmöglich zu erleben.

LOFTARTIGES RAUMERLEBEN IM INNEREN

Während die Loggia die einzelnen Teile des Gebäudes zusammenfügt, unterteilt der Innenhof das Obergeschoss in verschiedene Nutzungszonen. Der der südlichen Terrasse zugeordnete Wohn- und Aufenthaltsbereich ist konzeptionell sehr offen gestaltet, die Blicke erfassen in den unterschiedlichsten Perspektiven durch große Glasflächen fast das gesamte Haus. Die allumfassende Transparenz zeigt sich am auffallendsten beim Innenhof, der durch die großzügige Verglasung kein für sich stehender Monolith im Haus bleibt, sondern zum Teil eines umfassenden Raumkontinuums wird. Der nördliche Teil des Obergeschosses mit den Schlafräumen besitzt demgegenüber eher zurückgenommenen, privaten Charakter.

Wo ein sensibles Herangehen an eine Bauaufgabe besondes wichtig ist, nämlich beim Bauen in naturnaher Umgebung, gelang hier eine perfekte Verschmelzung mit der Landschaft. Die unbehandelten, naturbelassenen und rauen Materialien tragen hierzu einen wesentlichen Teil bei. Überlegte Fassadengestaltung, Raumbildung und Zonierung verleihen dem Gebäude einen außergewöhnlichen Charakter. Dass sich eine solche Architekturqualität auf derart kostengünstige Weise realisieren ließ, ist umso bemerkenswerter.

Linke Seite oben: Wohnraum mit Kaminbereich.

Linke Seite unten: Der Innenhof dient der Erschließung und der Belichtung.

Unten: Der Essplatz bietet eine unvergleichliche Aussicht ins Tal.

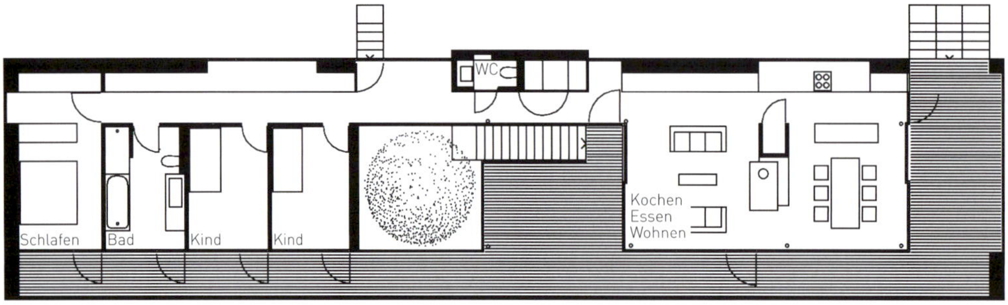

Erdgeschoss

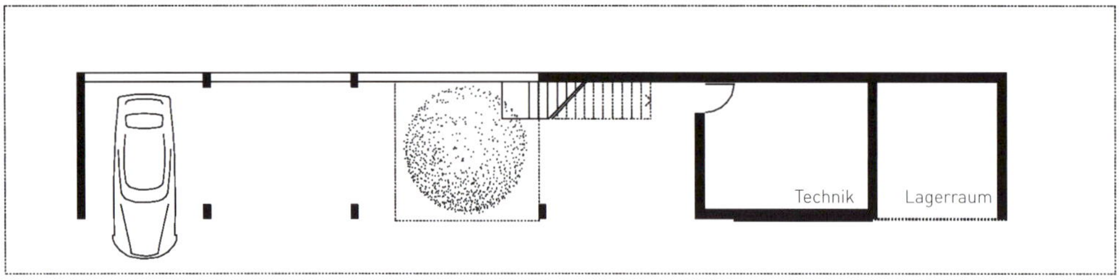

Hanggeschoss

Oben: Die hangseitige Fassade ist durch vorwiegend kleine Fenster strukturiert, ein Holzschiebeladen ermöglicht die fallweise Verschalung.

Linke Seite: Blick über Koch- und Essbereich nach draußen.

BAUDATEN

Standort: Bregenz
Bauzeitraum: 2003 (6 Monate)
Wohnfläche: ca. 128 m²
Grundstücksfläche: ca. 1.700 m²
Kostensparende Aspekte: klare Gebäudeform ohne komplizierte Details, viele einheitliche Bauteile, Erdgeschoss in Stahlbetonbauweise, hoher Vorfertigungsgrad, Eigenleistungsanteil (ca. 20% der Gewerke selbst erbracht)
Baukosten gesamt: unter 200.000 Euro

ADRESSE DER ARCHITEKTEN

k_m architektur

Büro Bregenz (Österreich)
Daniel Sauter
Glockengieße 2
A-6900 Bregenz
Telefon: 00 43-(0)55 74-8 28 38
Fax: 00 43-(0)55 74-8 30 17
k_m architektur@aon.at
www.k-m-architektur.com

Büro Lindau (Deutschland)
Daniel Sauter
Hochbucher Weg 58
D-88131 Lindau
k_m architektur@aon.at
www.k-m-architektur.com

LEBE LIEBER AUSSERGEWÖHNLICH

Einfamilienhaus für eine Familie mit Einliegerwohnung und Werkstatt

Die Familie Bauer hat für ihr Wohnhaus einen Platz mit sehr positiver Atmosphäre ausgewählt; auf einer Anhöhe über dem oberbayerischen Städtchen Grafing gelegen, wird das Gebäude auf seiner östlichen Längsseite von dichtem, eingewachsenem Hainbuchenbestand beschirmt. Im Süden und Westen gewährleisten dagegen große Glasflächen einen umso freieren Blick auf die Umgebung und in den vorgelagerten naturnahen Garten mit Wasserbecken und Schwimmteich.

EIN WOHNGESUNDES SONNEN-HOLZHAUS

Das von den Architekten Bembé und Dellinger entworfene Haus ist als Holzmassivbau auf einem betonierten Untergeschoss errichtet worden. Die Innensicht bildet nach traditioneller Technik auf Schilfrohrmatten aufgeworfener Lehmputz, der zusammen mit der Wandheizung für ein sehr angenehmes Innenraumklima sorgt. Hierzu tragen natürlich auch der Baustoff Holz bei, der außer bei den – unter anderem aus 13 Zentimeter starken Massivholzplatten bestehenden – Wänden auch in Gestalt von Holzkastendecken eingesetzt wurde, und die ökologische Holzweichfaserdämmung. Nicht zuletzt aber spielen im Gesamtkonzept die aus Lärchenholz gefertigten Holzlamellen, die einen Großteil des Hauses »umhüllen«, eine zentrale Rolle. Die Neigung der Holzlamellen von 15 Grad ist genau so berechnet, dass die Sonnenstrahlen bei niedrig stehender Wintersonne durch die verglasten Flächen weit in die Räume fallen und somit kostenlos Wärme produzieren, bei hoch stehender Sommersonne aber den erwünschten Verschattungseffekt bringen. Die unverglasten Bereiche weisen hinter den Lamellen eine Schalungsebene aus 9 Millimeter starken, schwarz gestrichenen Seekieferplatten auf, die sich bei winterlicher Sonne aufheizen und somit das Haus gleichsam in einen Warmluftschleier einbetten. Zusätzlich hat die Lamellenfassade den Vorteil, dass die Privatsphäre in dem großflächig verglasten Haus gewahrt bleibt. Ohne Lamellen zeigen sich nur einige Bereiche der Süd- und Westfassade. Unverblendete Glasfronten auf Teilbereichen der Süd- und Westseite durchbrechen und beleben das Erscheinungsbild mit transparenten Flächen. Als besonderen Clou weist das Gebäude in Teilbereichen des Erdgeschosses im Ganzen ausklappbare Glasfassaden auf, die somit die südwestliche Gebäudekante visuell auflösen und unmittelbar mit der Terrasse zusammenwachsen lassen.

links: Aufgrund der Holzlamellenfassade auf der West- und Ostseite ergeben sich in den Räumen des Obergeschosses faszinierende Licht-und-Schattenspiele.

Rechte Seite: Die Südfassade dient ganz dem Einfangen der Sonnenstrahlen, wird bei hohem Sonnenstand aber durch den Dachüberstand beschattet. Links die holzgedeckte Terrasse.

ABSEITS PLANERISCHER KLISCHEES

Bei aller Eindeutigkeit der Architektur lässt das Fassadenbild doch deutliche Eigenständigkeit erkennen, die nie den Eindruck der Gleichförmigkeit aufkommen lässt. Der Wechsel von mit Lamellen verblendeten geschlossenen, halbtransparenten und ganz transparenten Bereichen ist hierfür ebenso ausschlaggebend wie die kreative Untergliederung und Rhythmisierung der Fensterflächen, wie sie sich insbesondere auf der Südseite zeigt. Auch im Inneren des Hauses führte das Zusammenspiel von Architekten und Bauherren zu einem gänzlich eigenständigen und außergewöhnlichen Erscheinungsbild. Der Hausherr Giovanni Bauer brachte als gelernter Bildhauer und Schreiner die fachliche Kompetenz mit, um die meisten Gewerke selbst in die Hand zu nehmen. Von beauftragten Betrieben wurden im Grunde nur das vorgefertigte Holztragwerk aus Decken und Wänden aufgestellt sowie die Sanitär-, Elektro- und Heizungsinstallation übernommen. Auch der Innenausbau ist das Werk des Bauherrn. Im Erdgeschoss wurden Eichen-, im Obergeschoss Fichtenriemenböden verlegt.

ERLEBNISRÄUME DRINNEN UND DRAUSSEN

Hier auf der ersten Etage befindet sich das Reich der Familie, wo Küche, Essplatz, Schlafbereich und Bad ineinander übergehen. Eine Treppe führt zur Dachterrasse, die sozusagen einen separaten »Garten mit Weitblick« schafft. Das Obergeschoss bildet zusammen mit dem nordseitigen Wohn- und Atelierraum im Erdgeschoss eine Einheit, im Untergeschoss befindet sich die Werkstatt von Giovanni Bauer mit zugeordnetem Carport, der dank der Hanglage Kosten und Platz sparend unter dem Gebäude untergebracht werden konnte. Der südseitige Einraum des Erdgeschosses mit Küche, Bad und separatem WC kann als Einliegerwohnung von den übrigen Räumen abgetrennt werden.
Die Terrasse wird von einem auf einer Stahlkonstruktion befestigten Sonnensegel beschattet. Darunter befindet sich eine vom Bauherrn erdachte, fantasiereiche Wellness-Lösung für Sonnenanbeter: auf Rollen laufende Holzliegeroste können bei Bedarf auf Schienen unter die Schatten spendende Terrasse geschoben werden. Der Terrasse und den Liegeplätzen südseitig vorgelagert ist eine wunderschöne

Oben links: Treppe von der Werkstatt im Untergeschoss mit Blick zum Eingang.

Oben rechts: Minimalistische Duschecke aus Naturstein.

Rechts: Blick in den südseitigen Wohnraum mit einer vom Hausherrn selbst gefertigten »Wipp-Chaiselongue«.

Linke Seite: Die »Badlandschaft« beginnt gleich neben dem Bett. Der Nachttisch ist eine Eigenproduktion von Giovanni Bauer.

Teichlandschaft, die aus einem bepflanzten Bereich mit Filterfunktion, einem Kinder- und einem Erwachsenenschwimmbecken besteht.

Im oberbayerischen Grafing entstand ein von moderner Architektur geprägtes und gleichermaßen natürlich wirkendes Einfamilienhaus mit Einliegerwohnung, das im Äußeren wie im Inneren zahlreiche aufwändige und außergewöhnliche Gestaltungsdetails aufweist. Auch unter Einrechnung des nicht unbeträchtlichen Eigenleistungsanteils konnte damit angesichts der sehr deutlich unter 200 000 Euro bleibenden Gesamtkosten und der mit 172 Quadratmeter gleichzeitig sehr großen Wohnfläche ein ausgesprochen kostengünstiges Hauskonzept verwirklicht werden.

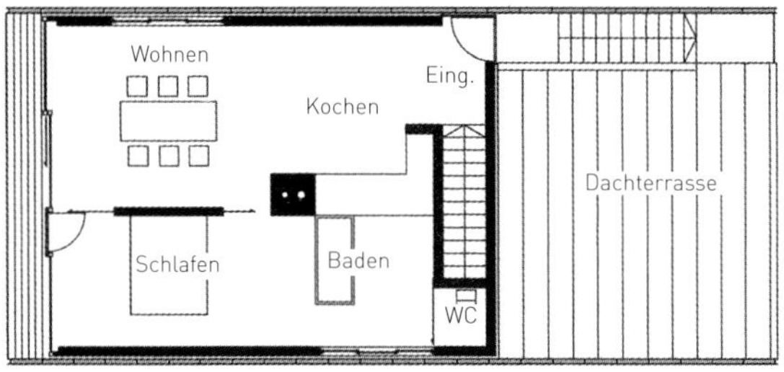

Obergeschoss

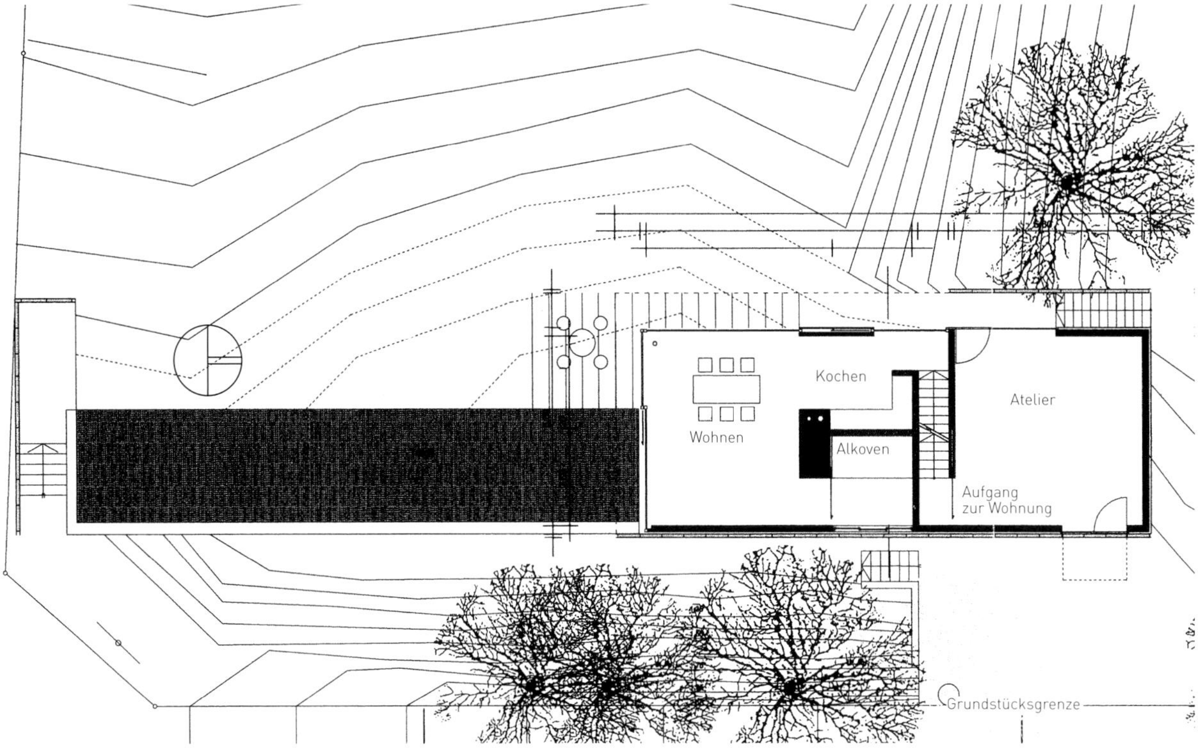

Erdgeschoss

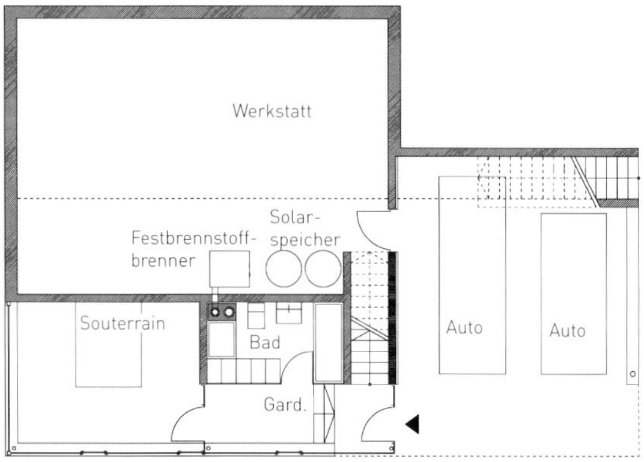

Kellergeschoss

Rechts: Gesamtansicht von Südwesten.

Rechts unten: Blick entlang der Westseite in den Garten.

BAUDATEN

Standort: Grafing/Oberbayern
Bauzeitraum: 2003–2005 (in Etappen)
Wohnfläche gesamt: ca. 136 m² zuzüglich ca. 92 m² Nutzfläche (Werkstatt im Untergeschoss)
Grundstücksfläche: ca. 600 m²
Kostensenkende Faktoren: Eindeutige Gebäudeform, hoher Vorfertigungsgrad, Verwendung vieler einheitlicher Bauteile und von Restbeständen nicht abgenommener Produktion (z.B. Lärchenfenster), Holzbauweise mit weitgehenden Möglichkeiten für Eigenleistung, durchdachte Gebäudeorientierung mit kombinativen Variationen (z.B. Carport und Arbeitsbereich im Freien unter dem Haus), Einsparung von Investitionskosten beim Heizsystem durch optimale passive Solarnergienutzung mittels Gebäudeorientierung und Fassadengestaltung sowie hoch gedämmte Ausführung der baulichen Hülle
Baukosten gesamt brutto: ca. 160.000 Euro

ADRESSE DES BAUHERRN

Giovanni Bauer
Schreiner und Bildhauer
Kothmüllerweg 12
D-85567 Grafing
Telefon: 0 80 92-85 37 94

ADRESSE DER ARCHITEKTEN

(Genehmigungsplanung, Teile der Werkplanung) Bembé und Dellinger
Felix Bembé und Sebastian Dellinger
Im Schloss
D-86926 Greifenberg
Telefon 0 81 92-99 99 12
www.bembe-dellinger.de

ELEGANT GESCHWUNGEN UND TRANSPARENT

Ein Einfamilienhaus im Mühlviertel

Gute Architektur sollte im äußeren Erscheinungsbild stets gestalterische Einheitlichkeit zum Ziel haben – eine Aufgabe, die bei mehreren Gebäudeteilen mit unterschiedlichem Charakter besondere planerische Sorgfalt erfordert. Im Fall der Familie Hauser prägen ungewöhnliche Dachformen sowie eine gegeneinander verschobene Ausrichtung der Gebäudeteile das Erscheinungsbild des Wohngebäudes.

ARCHITEKTUR-KUNSTGRIFF AUF BEENGTEM RAUM

Ein Tonnendach, das durch die zurückspringende Fassade zur Straße hin eine zusätzliche Dimension gewinnt, überspannt ein ungewöhnliches Gebäude. Die sanft zum nordöstlichen Nachbaranwesen abfallende Konstruktion ermöglichte es, zur optimalen Ausnutzung der kleinen Parzelle an der Grundstücksgrenze zu bauen und dort die vorgeschriebene Traufhöhe von nur drei Metern einzuhalten. Zugleich konnte unter Dach gut nutzbarer, im Süden sogar vollwertiger Wohnraum geschaffen werden. Die funktional bedingte Auskragung des Obergeschosses auf der Eingangsseite schafft einen zusätzlichen Blickfang.

GLASKUBUS MIT SONNENHUNGER

Die Bauherren legten Wert auf einen hoch transparenten Wohnbereich, der einen taghell belichteten Aufenthalt auch in der Übergangszeit gewährleisten sollte. Im Hinblick auf die größtmögliche Effizienz dieses Wintergartens musste seine Hauptfassade nach Süden ausgerichtet sein. Folgerichtig wurde der mit einem Flachdach versehene Baukörper auf der nach Südwesten orientierten Gartenseite in das Hauptgebäude »eingeschoben«. Nach der Planung von Ernst Michael Jordan entstand damit insgesamt eine höchst reizvolle Einheit von Teilen, deren Formensprache unterschiedlicher kaum sein könnte. Durch Fenstertüren vollständig vom übrigen Gebäude separierbar, erfüllt der Wintergarten alle Voraussetzungen, um dauerhaft solare Wärmegewinne zu realisieren und Heizkosten einzusparen. Die extrem schmalen Profile der Holzriegelkonstruktion und der Verglasungen heben den Gegensatz von weitgehend geschlossenem Hauptgebäude und hoch transparentem Wintergarten noch zusätzlich hervor.

Linke Seite: Blick durch den Wintergarten.

Unten: Ansicht der Eingangsseite mit Autoabstellplätzen unter der Auskragung.

Linke Seite und oben: Blick in die Räume. Die oberlichtartigen Verglasungen der Trennwände sorgen für eine optimale Verteilung des Lichts bei Wahrung der Privatheit.

Untergeschoss

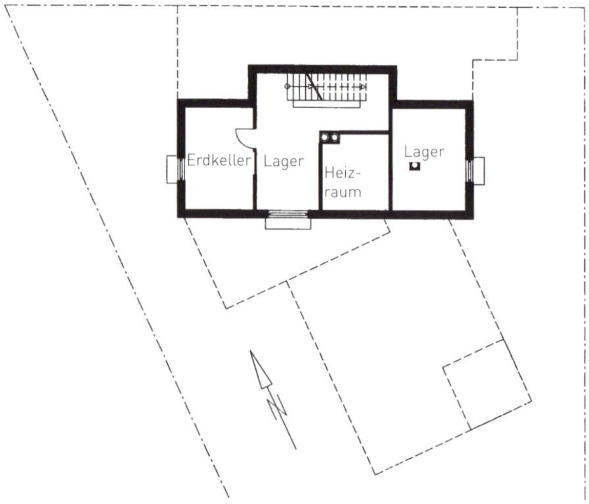

Gesamtansicht mit dem versetzt angeordneten, genau nach Süden orientierten Wintergarten.

Erdgeschoss

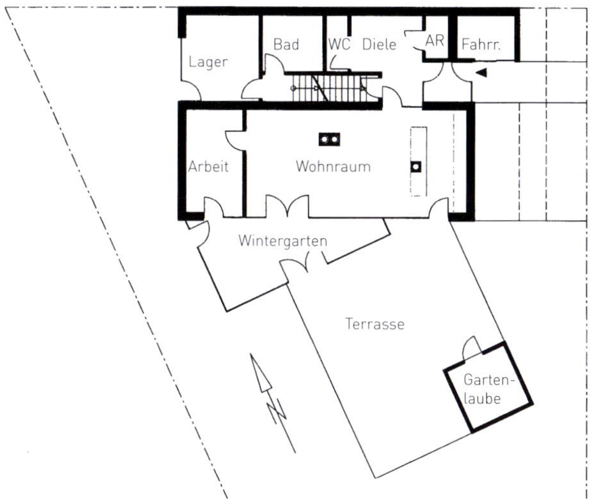

Obergeschoss

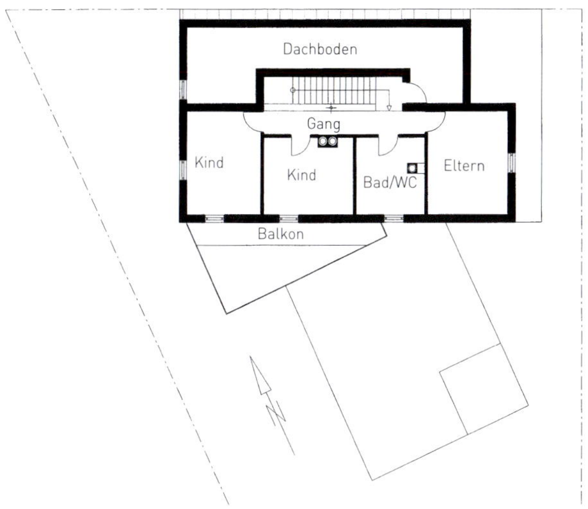

BAUDATEN

Standort: Mühlviertel/Oberösterreich
Bauzeitraum: 1997–1999 (18 Monate)
Wohnfläche: 140 m²
Grundstücksfläche: ca.500 m²
Kostensenkende Faktoren: grundsätzlich bewusst sparsamer Umgang mit Materialien, weitgehende Verwendung wenig bearbeiteter Produkte, einheitliches Konstruktionsraster, einfache Kubatur, einfache Ausführung von Bauteilen, Verwendung einheitlicher Bauteile (z.B. Fenster), Holzbauweise im Obergeschoss (kostensparend wegen Eigenleistung), Eigenleistung (ca. 30% der Handwerkerleistungen)
Baukosten: ca.190.000 Euro

ADRESSE DER ARCHITEKTEN

Atelier für Solararchitektur JORDAN
Ernst Michael Jordan
Projektmitarbeiter: Ewald Reinthaler
Langenharterstraße 13
A-4300 St.Valentin
Telefon 00 43-(0)74 35-5 87 06
office@jordan-solar.at
www.jordan-solar.at

KOSTENKONTROLLE ALS PROGRAMM

Neben dem ganz als Pfosten-Riegel-Konstruktion in Holz ausgeführten Wintergarten besitzt auch das Hauptgebäude im Obergeschoss ein leichtes Holztragwerk, das dem massiven, mit einer Außenwanddämmung versehenen Erdgeschoss aufgelagert ist. Da der Bauherr zusammen mit Freunden und Verwandten viel Eigenleistung erbringen konnte – so nahezu der gesamte Innenausbau –, war die vorherrschende Holzkonstruktion eine wichtige »Sparmaßnahme«. Ebenso entscheidend für die letztlich erreichten geringen Baukosten war aber eine genaue Kostenkontrolle durch den Architekten, die sich auch auf die Einsparung unnötiger konstruktiver Elemente erstreckte. So konnten in einem einzigen Telefonat mit dem Zimmermann 10 000 Euro durch den Verzicht auf überflüssige Leimbinder gestrichen werden, die vom Handwerker ursprünglich vorgesehen waren. Beim Wintergarten plante der Architekt nur die für die Erschließung sowie die Be- und Entlüftung notwendigen Fenster ein, während ansonsten konsequent deutlich billigere Fixverglasungen eingesetzt wurden. Durch die zusätzliche direkte Montage eines Teils der Festverglasungen auf die Tragkonstruktion konnten die Bauherren zudem die Kosten für die Fensterrahmen aus ihrem Budgetplan streichen. Dass kostengünstiges Bauen nichts mit Einförmigkeit zu tun hat, sondern sogar ein höheres architektonische Niveau erreichen kann als bei großzügigstem Budget, belegt dieses Einfamilienhaus nachdrücklich. Der gläserne Wintergarten bringt neben seiner wichtigen gestalterischen Funktion auch eine enorme Aufwertung der Aufenthaltsqualität mit sich und spart zudem Betriebskosten durch die passive Nutzung der Solarenergie.

EIN DOPPELHAUS ALS EIGENE WELT

Wohnen fast wie im Einfamilienhaus

Es muss nicht immer ein Einfamilienhaus sein: dieses Motto gilt insbesondere dann, wenn kostensparend gebaut werden soll. Die Planung eines Doppelhauses kommt in dieser Hinsicht zumeist deshalb Betracht, weil zum einen kostspieliger Baugrund eingespart werden kann und zum anderen Bauteile und Erschließungsbereiche gemeinsam genutzt werden können und dementsprechend nur einmal erstellt zu werden brauchen.

PRIVATHEIT DURCH VERSETZTE ANORDNUNG

Ungeachtet der bei Doppelhäusern vorhandenen Vorteile hinsichtlich des Einsparpotenzials schrecken doch viele Bauherren davor zurück, die großen Wert auf eine eigene Privatsphäre legen. Dieses Problem löste der Architekt im vorliegenden Fall dadurch, dass er die beiden im Westen beziehungsweise im Süden des Grundstücks situierten Doppelhaushälften mit deutlichem Versatz plante. Dadurch entstehen sowohl vom Eindruck als auch vom räumlichen Erleben zwei unabhängig erscheinende Baukörper – und dies, obgleich sie durch einen gemeinsamen Windfang erschlossen werden. Diese zusammengefasste Erschließung spart Baukosten ein, schmälert aber den Privatheitsanspruch in keiner Weise, denn ansonsten sind beide Doppelhaushälften völlig separat organisiert und besitzen zwei voneinander unabhängige Treppen. Der Versatz der Doppelhaushälften ermöglichte es, in den so entstehenden zweiseitig eingefassten Bereichen jeweils große Terrassen mit beschütztem Charakter anzulegen. Bei der Südfassade ist eine weitere Sonnenterrasse vorgesehen, die vom Wohn- und Essbereich der südlichen Doppelhaushälfte direkt betreten werden kann. Die Anfahrt für beide Einheiten erfolgt Platz sparend direkt entlang der nördlichen Grundstücksgrenze.

GROSSZÜGIGES RAUMEMPFINDEN BEI BEGRENZTER FLÄCHE

Obgleich der kleinere der beiden Baukörper, präsentiert sich die südliche Doppelhaushälfte doch ausgesprochen großzügig. Neben einer separaten Küche wird der Innenraumeindruck im Erdgeschoss von einem großen, über die gesamte Breite des Hauses reichenden Wohn- und Essbe-

Links: Ansicht der ostseitigen Gauben mit Zinkblechdach

Rechte Seite: Die versetzte Anordnung der beiden Doppelhaushälften ermöglicht ein besonders eigenständiges Wohnen.

Links: Hier ist der Versatz der nördlichen Haushälfte sehr gut zu erkennen.

Unten: Blick durch das Treppenhaus im Obergeschoss.

BAUDATEN

Standort: bei Berlin
Bauzeitraum: 2004–2005 (ca. 8 Monate)
Wohnfläche: ca. 93 m²
Grundstücksfläche: 700 m²
Kostensenkende Faktoren: Einsparung beim Grundstückserwerb, sparsamer Umgang mit der vorhandenen Fläche, doppelte Nutzungen (z.B. gemeinsame Zufahrt, Eingangsbereich mit Windfang, gemeinsame Wand), Verzicht auf überflüssige Innenwände im Erdgeschoss, geschickte Anordnung von Erschließungszonen, Eigenleistungsanteil
Baukosten: ca. 175.000 Euro

ADRESSE DER ARCHITEKTEN

dritte haut architekten
Peter Garkisch
Bölschestraße 18
D-12587 Berlin
Telefon: 0 30-64 09 17 44
architekt@dritte-haut.de
www.dritte-haut.de

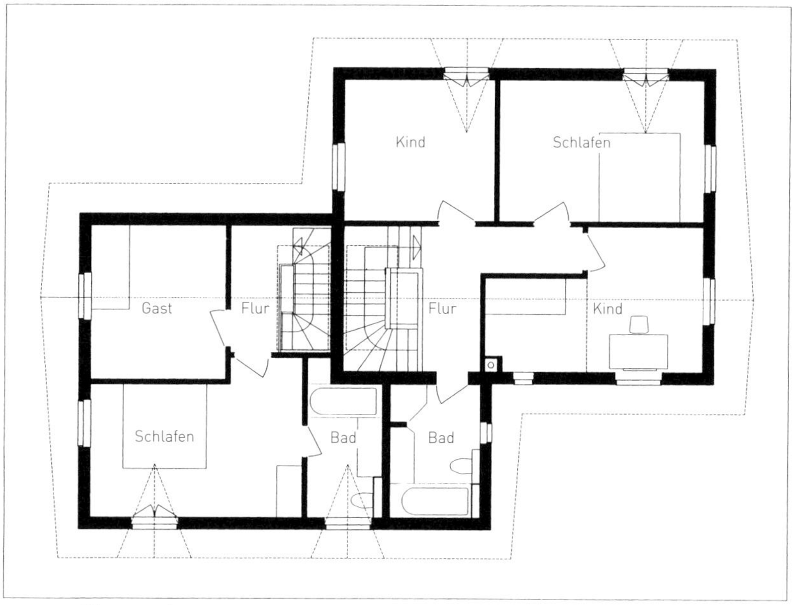

Obergeschoss

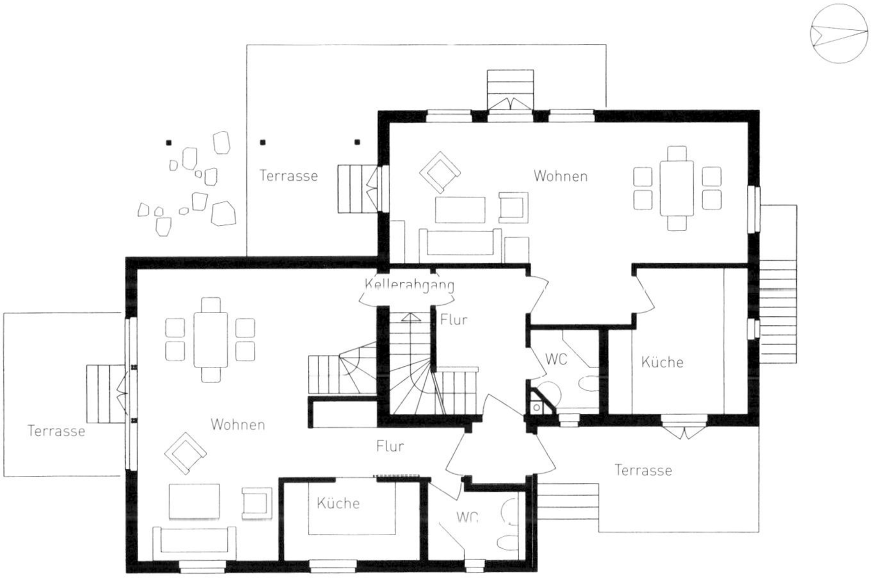

Erdgeschoss

reich bestimmt. Große Fenstertüren lassen reichlich Sonnenlicht herein und geben den Weg in den Garten frei. Die Massivholzdecke aus Lignotrend-Elementen schafft nicht nur eine behagliche Atmosphäre, sondern beinflusst auch die Luftfeuchtigkeit und damit das Wohnklima positiv.

Im Bereich der bewusst Platz sparend angeordneten Treppe ins Obergeschoss sind in der Wand drei nischenartige Podeste zum Abstellen oder zur wirkungsvollen Präsentation von Kunstgegenständen und Accessoires eingefügt. Dadurch, dass das Dach bis zum Firstbereich ausgebaut wurde, wirken auch die Räume im Obergeschoss und sogar das durch zwei Dachflächenfenster belichtete Treppenhaus sehr großzügig und hell. Ein besonderes architektonisches Element im Inneren wie im Äußeren sind die hohen Fenster im Obergeschoss und die an den betreffenden Stellen in das weit auskragende Dach der Traufseite eingeschobenen Dreiecksgauben. Dass die Gauben wie auch der Dachüberstand in Titanzinkblech, die übrige Dachfläche aber mit grauen Betondachsteinen gedeckt wurden, schafft ein höchst interessantes Architekturelement mit hohem Wiedererkennungswert.

Hier entstand eine Doppelhaushälfte für einen Single oder ein Paar, das aus der begrenzten Grundfläche größtmöglichen Wohnnutzen zieht. Im Keller stehen zusätzlich etwa 47 Quadratmeter Lagerraum zur Verfügung, die den Nutzwert weiter erhöhen.

190.000 EURO

DAS HOLZHAUS AM HANG

Ein ökologisches Familienheim mit viel Atmosphäre

So manches ansprechend gestaltete Wohnhaus hat beim Weg zur Genehmigung einige Hürden zu »überspringen«. Im Fall der Familie Blesch sah der rechtsgültige Bebauungsplan vor, dass an dem steilen Hanggrundstück mit Blick auf das Laabertal ein Haus in Massivbauweise mit Satteldach, einer Dachneigung von 45–48 Grad und einer Erschließung von der unteren Straße entstehen sollte. Der beauftragte Architekt Florian Mayr überzeugte die Genehmigungsbehörden zusammen mit den Bauherren von den Vorteilen eines völlig anders gearteten Entwurfs – einem Gebäude mit zwei gegeneinander versetzten Pultdächern und der Erschließung von der oberen Zufahrtsstraße. Eine halb in den Hang eingegrabene, unterkellerte Garage mit extensiver Begrünung schirmt das Wohnhaus von der Straße ab, ohne den Ausblick zu verstellen.

KOSTENBEWUSSTER HOLZBAU IN KONSEQUENZ

Die Entscheidung für Holzständerbauweise war vor allen Dingen wegen der hervorragenden Eignung für Eigenleistung und damit aus Kostengründen fast zwingend. Die Bauherren leisteten einen beträchtlichen Teil der Gewerke – unter anderem die Aufbringung der verschiedenen Wandschichten (von außen nach innen Fassadenschalung, Holzweichfaserplatten, Dampfbremse und Gipsfaserplatten) und des Innenausbaus selbst. Die Firma Lignum erstellte das Tragwerk und übernahm das Einblasen der Zellulose.
Grundsätzlich galt es vom Beginn der Planung an, die vorgesehenen Maßnahmen und die Auswahl der Produkte auch unter dem Gesichtspunkt der Kosteneffizienz zu überprüfen. Dabei bestand aber durchaus die Bereitschaft, ökonomisch mittel- und langsfristig sinnvolle Schritte einzuplanen, auch wenn dies im Einzelfall etwas mehr kostete. Dies betraf vor allem die Wahl der Dämmstoffe und der Materialien für den Innenausbau. Stets vermied man aber unnötige Mehrausgaben – also solche ohne zusätzlichen Nutzen. Beispielsweise blieb das für die Fassadenverschalung sowie die Deckung von Balkon und Terrasse verwendete Lärchenholz unbehandelt, denn dies sparte zum einen Kosten, war aber auch hinsichtlich der Langlebigkeit des Holzes sinnvoll.

Links: Die Gesamtansicht von der Eingangsseite zeigt, wie das Gebäude aus zwei Teilbaukörpern »zusammengefügt« ist. Das Fensterband unterhalb der Traufe trägt zur Belichtung des Wohnraums bei.

Rechte Seite: Auf der Talseite zweigeschossig, profitiert das Haus von der attraktiven Aussicht und dem mit viel Engagement gestalteten Garten.

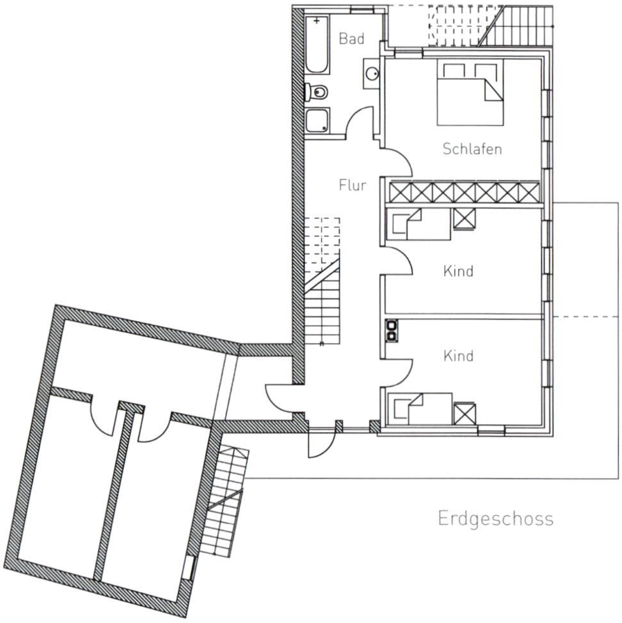

Erdgeschoss

GERINGE BETRIEBSKOSTEN, HOHER WOHNWERT

Nicht nur beim Bau, sondern auch im Betrieb verursacht das Niedrigenergiehaus nur geringe Kosten bei ausgesprochen hohem Wohnwert. Hierfür ist nicht zuletzt die ökologische Dämmung aus Zelluloseflocken ausschlaggebend, die sowohl in die außen liegenden Holzständerwände als auch zwischen die Dachsparren eingeblasen wurde. Unterhalb der Schalungsebene aufgebrachte Holzweichfaserplatten ergänzen die Einblasdämmung. Hoch wirksam sowohl gegen Kälte als auch gegen Hitze bleiben die Räume so auch bei sehr warmer Witterung stets angenehm temperiert – und dies ohne jegliche automatische Be- und Entlüftung! Auf der Garage aufgeständerte Sonnenkollektoren erwärmen das Brauchwasser und unterstützen die Zentralheizung.
Dank des Pultdachs gewann der Wohn-, Ess- und Kochbereich an Deckenhöhe, das Raumempfinden wurde weiter aufgewertet. Da der zum Tal orientierte östliche Gebäudeteil den straßenseitigen Trakt deutlich überragt, konnten in diesem Zwischenbereich auf der Westseite mehrere Glasbänder eingebaut werden, die für eine optimale, weiche Lichtstimmung sorgen. Nach Osten und Süden sind beide Geschosse großzügig verglast, Fenstertüren führen von allen Räumen in den Garten beziehungsweise auf den Balkon. Dieser weitet sich am geschützten südwestlichen Hauseck

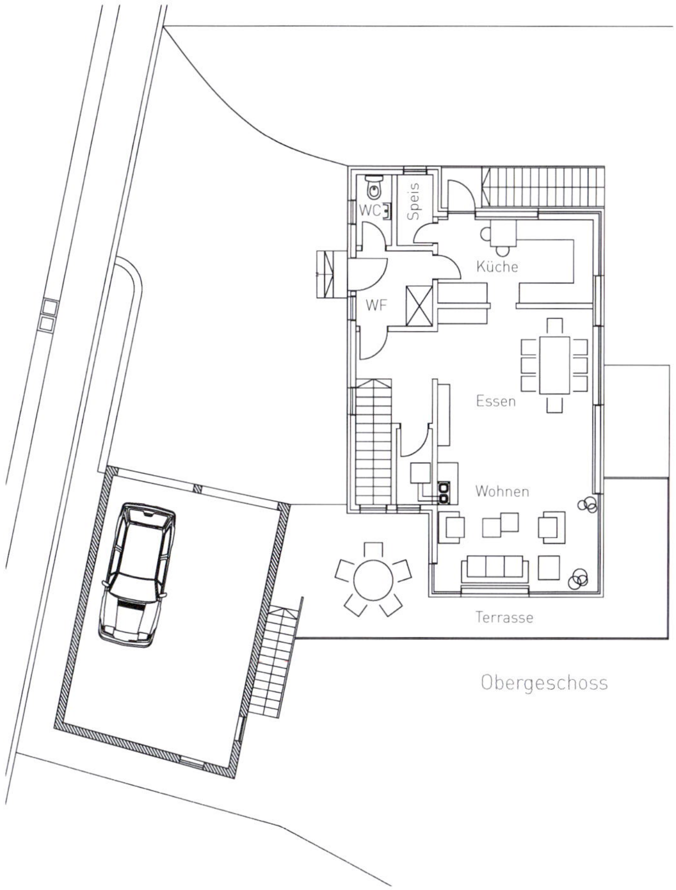

Obergeschoss

Linke Seite oben: Vorplatz und Stufen beim Eingang sind vom Bauherrn mit Granitsteinen gepflastert worden.

Linke Seite unten: Blick entlang der Fassade zum Sitzplatz mit der Treppe zum Eingangsgeschoss. Links im Bild das Nebengebäude.

Unten: Die großen Fensterflächen lassen sich durch Holzschiebeläden aus Lärche nach Bedarf abdunkeln.

BAUDATEN

Standort: bei Regensburg/Bayern

Bauzeitraum: 1999–2000 (7 Monate)

Wohnfläche: 145 m²

Grundstücksfläche: 746 m²

Kostensenkende Faktoren: geschlossene Kubatur, grundsätzlich bewusst sparsamer Umgang mit Materialien, Verzicht auf unnötige Innenwände, Verwendung naturbelassener Produkte (z.B. Lärchenholz für Schalung und Terrassen), einheitliches Konstruktionsraster, einfache Konstruktionen (z.B. gerade Holz-Wangentreppe), kostengünstige Lösungen (z.B. Splittschüttung im Fehlboden), Verwendung einheitlicher Bauteile (z.B. Fenster), Holz-Leichtbauweise (wegen Eignung für Eigenleistung), Verzicht auf eine Unterkellerung des Hauptgebäudes, Pultdach mit Blechabdichtung, Eigenleistung (ca. 20% der Handwerkerleistungen)

Baukosten gesamt brutto: ca.190.000 Euro

ADRESSE DES ARCHITEKTEN

Florian Mayr
Prinz-Ludwig-Straße 1
D-93055 Regensburg
Telefon 09 41-78 03 95 51
oder 0 89-13 03 86 95
fmao7@passivehouse.net

HOLZBAUARBEITEN

Lignum
Koppenwallner Brauchle GbR
Schwerdnermühle 18
D-93138 Lappersdorf
Telefon 09 41-8 90 32 10
Mobil 01 79-5 98 42 61
lignum@t-online.de

Linke Seite oben: Blick zur Terrasse und zum Ausgang im unteren Geschoss.

Linke Seite unten und unten: Die Funktionen Wohnen und Essen sind in einem großen Raum vereinigt, wo gleichzeitig auch musiziert wird. Ein Kachelofen sorgt im Winter dafür, dass die Zentralheizung wenig Arbeit hat.

zu einer Terrasse auf, die sehr schnell zum sommerlichen Lieblingsplatz der Familie avancierte. Die Treppe zum »Schlafgeschoss« führt geradewegs hinaus auf einen weiteren, in diesem Fall vom Bauherrn kunstvoll mit Naturstein gepflasterten kreisrunden Sitzplatz.
Ebenso kostengünstig wie ökologisch, ebenso geradlinig wie wohnlich, bietet das Einfamilienhaus der Familie Blesch im Grunde alle Vorzüge, ohne dass dabei erkennbare Nachteile in Kauf genommen werden müssten. Erschließung, Grundrissplanung und Außenraum bilden eine überzeugende Einheit. Entsprechend wohl fühlen sich die Eltern wie auch die beiden Kinder nach wie vor in ihrem Haus – das wohl beste Prädikat für gute Architektur.

GLASARCHITEKTUR VOR ALMWIESEN

Anbauen für eine Familie mit zwei Kindern

Inmitten unberührter Landschaft im Oberen Ennstal, einer der schönsten Regionen Oberösterreichs, wollten Rosina Bürscher und Ewald Huemer Wohnraum für sich und ihre beiden Kinder, Sarah und Felix schaffen. Das in den 1950er Jahren errichtete und mehrmals erweiterte elterliche Anwesen sollte dazu mit genutzt werden. Um ausreichende Wohnfläche mit der gewünschten Qualität zu schaffen, entschied man sich für einen Anbau, der nach der Planung von Ernst Michael Jordan entstand.

PRIVATHEIT IM MEHRGENERATIONENHAUS

Der ausgeführte Entwurf sah vor, die zum Berg orientierte südliche Giebelseite des Altbaus für den Anbau zu nutzen. Klar war auch, dass bei anspruchsvoller Architektur und Innenraumgestaltung auf geringstmögliche Kosten geachtet werden sollte.
Ein gemeinsamer Zugangsbereich mit zwei separaten Eingangstüren im Erdgeschoss, die eine grundsätzliche räumliche Trennung ermöglichen, bildet die Fuge der beiden Gebäude. Die elterliche Wohnung im Erdgeschoss des Altbaus wurde um einen Eingangsbereich ergänzt, im Erdgeschoss des »Juniortrakts« finden sich ein separater Wohnraum und die Garderobe mit Aufgangsbereich.

RAUMERLEBEN UND LANDSCHAFTSBEZUG

Nicht nur die äußere Gestalt, sondern auch die Grundrissplanung des Anbaus unterscheidet sich insofern wesentlich von dem des Altbaus, als sie nur die Funktionen mit größerem Privatheitsanspruch durch Wände separiert, gemeinsame Aufenthaltsbereiche aber offen und durchgängig gestaltet.
Die obere Etage der Erweiterung besteht aus einem zusammenhängenden Raum, der von der Wandscheibe des Treppenhauses strukturiert wird. Beim Kochen schaut man dank der durchdacht angeordneten Küchenzeile auf blühende Almwiesen und auch der Essplatz erlaubt einen unwahrscheinlich schönen, von Bebauung unverstellten Blick in die Landschaft. Zur ostseits vorbeiführenden, wenig befahrenen Straße hin sorgen zwei übereinander angeordnete, stehende Fensterbänder für Belichtung und Ausblick, ohne das

Linke Seite und unten: Die Fassade des Hauses zeichnet sich durch die kunstvolle, architektonisch und funktional durchdachte Abfolge holzverschalter und verglaster Partien aus. Weniger sonnenverwöhnte Seiten sind deutlich geschlossener ausgeführt.

Links und rechte Seite: Das durchgängig konzipierte Obergeschoss bietet viel Platz und vielfältige Durch- und Ausblicke in die Landschaft.

Innenleben preiszugeben. Im rückwärtigen Abschnitt des »Einraums« finden sich Wohnbereich und gemütliche »Kuschelecke«. Barrierefrei schließen sich daran Elternschlafzimmer, Kinderzimmer, Bad und WC an, die im Bereich des Altbaus untergebracht sind. Der Bestand ist während der Bauarbeiten energetisch saniert worden, blieb im Äußeren aber weitgehend unverändert.

KOSTEN SENKEN MIT GUTER ARCHITEKTUR

Die Anbaulösung war nicht nur aus nutzungstechnischen Gründen sinnvoll, sondern lieferte auch einen wesentlichen Beitrag zur Kostensenkung. Die südliche Giebelwand des Bestandes konnte unter Schaffung der notwendigen Durchbrüche mit genutzt werden. Gleichzeitig sinken dadurch die laufenden Betriebskosten für Energie, da somit auf der »kalten« Nordseite größtenteils keine Außenwand vorhanden ist. Die Fassaden zeichnen sich durch das spannende Zusammenwirken großer Glasflächen und geschlossener, verschalter Abschnitte aus. Das verwendete unbehandelte Lärchenholz und die punktuell eingesetzten Faserzementtafeln sind witterungsbeständig und preisgünstig. Die Kosten für die großen Glasflächen ließen sich dadurch minimieren, dass nur die notwendigsten Fensteröffnungen geschaffen und ansonsten deutlich preiswertere Festverglasungen eingesetzt wurden. Dass die Treppe ins Obergeschoss keine Setzstufen aufweist, macht sie nicht nur transparenter, sondern auch beträchtlich günstiger. Da zusammen mit den Räumen im Untergeschoss des Altbaus reichlich Nutzfläche zur Verfügung stand, wurde auch auf die Schaffung von vergleichsweise teurem Kellerraum verzichtet. Nicht zuletzt konnte mit der Hilfe einer großen Verwandtschaft und viel persönlichem Einsatz ein beträchtlicher Teil der Baumaßnahmen in Eigenleistung realisiert werden.

Das Haus der Familie Bürscher ist beispielgebend für die preiswerte Schaffung von Wohnraum im ländlichen Umfeld, insbesondere wenn es um das Zusammenleben mehrerer Generationen geht. Gleichzeitig fügt sich die zeitgemäße Architektur bestens in das naturnahe Umfeld ein und stellt durch ihre Transparenz eine enge Verbindung von Innen- und Außenraum her.

BAUDATEN

Standort: Ennstal/Oberösterreich
Bauzeitraum: 2000–2002 (ca. 18 Monate, mit Unterbrechungen)
Wohnfläche Anbau: 102 m²
Grundstücksfläche: ca. 4.300 m²
Kostensenkende Faktoren: geschlossene Kubatur, grundsätzlich bewusst sparsamer Umgang mit Materialien und Bauvolumina, Verzicht auf unnötige Innenwände, Verwendung naturbelassener oder wenig behandelter Produkte (z.B. Lärchenholzschalung), einheitliches Konstruktionsraster, einfache Konstruktionen und kostengünstige Lösungen (z.B. Festverglasungen), Verwendung einheitlicher Bauteile (z.B. Fenster), Holz-Leichtbauweise im Obergeschoss (wegen Eignung für Eigenleistung), Flachdach mit Kautschuckfolienabdichtung, Verzicht auf eine Unterkellerung, Eigenleistung (ca. 30% der Handwerkerleistungen)
Baukosten: ca. 175.000 Euro

ADRESSE DES ARCHITEKTEN

Atelier für Solararchitektur JORDAN
Ernst Michael Jordan
Projektmitarbeit: Ewald Reinthaler
Langenharterstraße 13
A-4300 St. Valentin
Telefon 00 43-(0)74 35-5 87 06
office@jordan-solar.at
www.jordan-solar.at

Links beide: Die Treppe zum Obergeschoss ist durch die großen Glasfronten sehr gut belichtet und dient zudem im Winter durch die Nutzung der Sonnenstrahlen als alternative »Heizzentrale«.

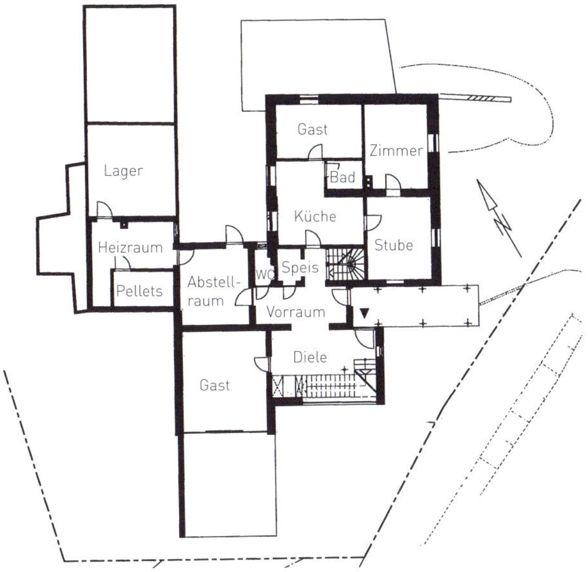

Erdgeschoss

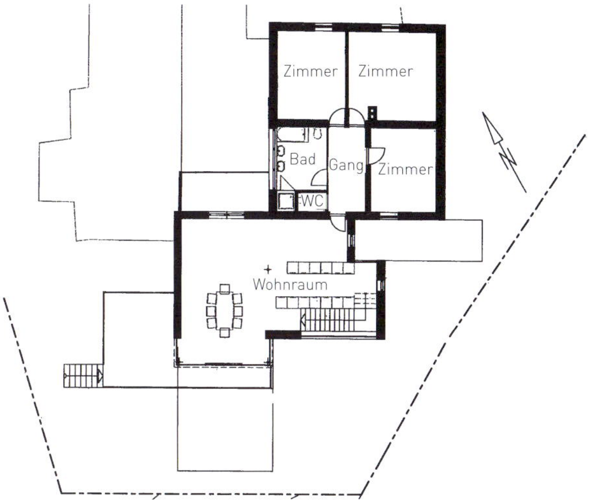

Obergeschoss

Ansicht von der Hangseite.

53.000 EURO

DAS HAUS IM HOF

Ein Klein-Gebäude inmitten der Metropole

Der in Paris lebende Architekt Christian Pottgießer ist stets gut für ungewöhnliche Architekturideen, die sich über gängige »Das geht doch gar nicht«-Klischees hinwegsetzen. Dies gilt sowohl in konzeptioneller als auch in formaler Hinsicht. Auf Parzellen, die anderen als unbebaubar gelten, entstehen so Häuser, die die üblichen Sehgewohnheiten und Raumauffassungen gegen den Strich bürsten.

EIN HAUS IN PARIS FÜR WENIG GELD!

Für nichts weniger bekannt als für günstige Immobilienpreise, gilt es für Normal- und auch so manche Besserverdiener in der französischen Hauptstadt als gegeben, zur Miete zu wohnen oder höchstens einmal eine kleine Wohnung zu erwerben. Durch die Initiative von Architekt, Ingenieur und beteiligten Handwerksbetrieben sowie eine innovative Planung wurde es möglich, in einem Innenhof im 10. Arrondissement ein neues Haus zu bauen, das nicht nur insgesamt, sondern auch bezogen auf den Quadratmeter Wohnfläche zu für Paris sonst unerreichbaren Preisen realisiert werden konnte. Bauherrin war eine aus Mauritius stammende Hausangestellte, die im Haus zeitweise allein, zeitweise aber auch zusammen mit ihrer Schwester und bis zu drei Kindern lebt. Maßgabe bei der Planung und Bauausführung war – von der Wahl der Konstruktionsweise bis zum Innenausbau - immer ein möglichst günstiger Preis. Die Wände wurden in Stahlbeton gegossen, bei den Fenstern handelt es sich um zweischeibige Gläser mit lackierten Aluminiumprofilen. Die Treppe zur »Schlafkoje« wie auch die Essecke wurden aus MDf-Platten hergestellt. Bei aller Sparsamkeit konnte im Erdgeschoss sogar ein Bodenbelag aus massiven, geölten und gewachsten Eichendielen verlegt werden.

EIN HÄUSLEIN WIE EINE KATHEDRALE

Besucher des Hauses denken oft an eine Kirche, da das Gebäude auf kleinster Grundfläche von unter 30 Quadratmeter errichtet wurde und in der Enge des Innenhofs mit seinen hohen senkrechten Fensterbändern und den zwei – wenn auch stark unterschiedlich großen – Wohnebenen

Links und rechte Seite: Die Kosten für acht Quadratmeter Glasflächen wurden an anderer Stelle wieder eingespart. So verzichtete man auf eine neue Hausmauer – hier ist die Wand des Nachbarn zu sehen!

Linke Seite und rechts: Die lebhaft farbigen Innenräume sind durch die in zehn verschiedenen Tönen angebotenen Ausbauplatten geprägt. Die Eichenböden waren ein Restposten des Arbeitgebers. Links der Blick zum Eingang und zum grünen Innenhof.

nach oben zu streben scheint. Eine Hauptschwierigkeit bestand darin, dass das Grundstück auf dreieinhalb Seiten von Mauern fünfgeschossiger Häuser umschlossen ist. Um dies auszugleichen, wurde die verbleibende offene Fassaden- und Eingangsseite mit vielen verglasten Flächen versehen. Gerade im Obergeschoss mit dem dortigen kleinen Schlafplatz stand demgegenüber die Aufgabe im Vordergrund, durch die geschickte Platzierung und Dimensionierung der Fenster unerwünschte Einblicke fernzuhalten.

Die Wohnqualität im Erdgeschoss, das direkten Zugang zum Hof mit dem uralten Aprikosenbaum bietet, ergibt sich insbesondere aus der optimalen Ausnutzung der räumlichen Möglichkeiten und die spannende Innenarchitektur. Die schmale Treppe wird auch als Stauraum für Bücher und Ähnliches genutzt, das in die Wand geschnittene Sitzmöbel am Essplatz ist um etwa 65 Zentimeter ausziehbar. In eingeschobenem Zustand ist für zwei Personen, in ausgezogenem Zustand für vier Personen Platz. Ein Schlafplatz für zwei Personen wurde als in die Wand eingelassener Alkoven konzipiert. Weitere Schlafplätze befinden sich oberhalb der Treppe und im Obergeschoss. Das den Raumeindruck bestimmende Element ist ungeachtet der Enge im Innenhof die stimmungsvolle natürliche Belichtung.

Selbst für ein kleines Haus entstand hier eine äußerst kostengünstige und dabei gestalterisch innovative Eigenheimlösung mitten in einer der teuersten Metropolen der Welt – eine Gemeinschaftsleistung von Architekt und allen Beteiligten.

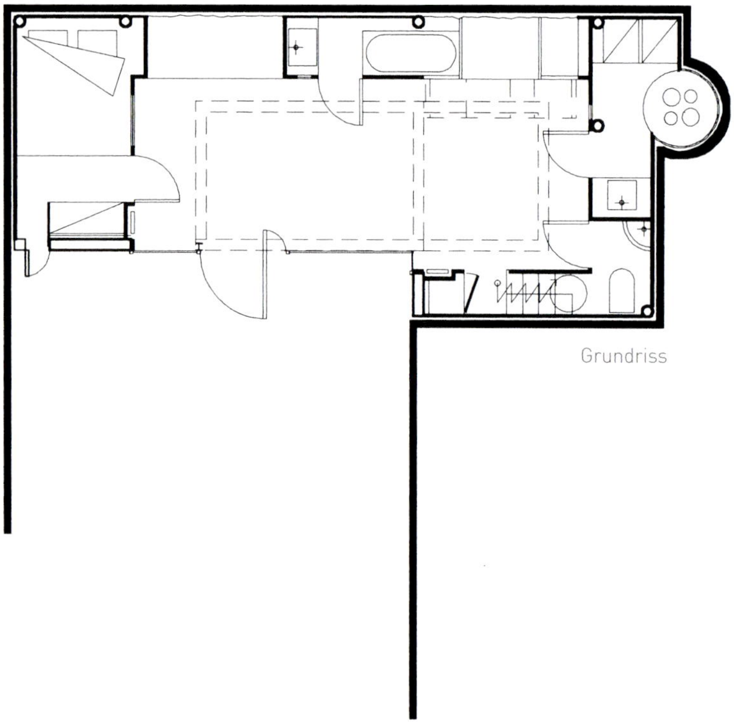
Grundriss

Linke Seite und rechts: Jeder Zentimeter wird kreativ genutzt – sei es für Schlafplätze, Sitzbänke oder »Regal-Treppen«.

BAUDATEN

Standort: Paris, 10. Arrondissement
Bauzeitraum: 2003 (3 Monate in Etappen)
Wohnfläche: ca. 34 m²
Grundstücksfläche: ca.30 m²
Kostensenkende Faktoren: Stahlbetonkonstruktion, konsequente Verwendung kostengünstiger Baustoffe (z.B. kostenlose Schalungen) und Materialien (z.B. MDF-Platten für Einbaumöbel)
Baukosten gesamt brutto: 53.000 Euro

ADRESSE DER ARCHITEKTEN

Christian Pottgießer
8, rue du Pré aux Clercs
F-75007 Paris
Telefon: 00 33-(0)1-56 24 22 28
pottgies@club-internet.fr

ANHANG

Hinweis zu den Projektkapiteln: Die unter der Rubrik »Baudaten« aufgeführten Gesamtkosten verstehen sich als Bruttopreise inklusive Steuern, Nebenkosten und Architektenhonorar, exklusive Außenanlagen und Eigenleistung.

NÜTZLICHE ADRESSEN

Im Folgenden finden sich nützliche Adressen zum Themenbereich Kostengünstiges Bauen – von Adressen für Fördermöglichkeiten bis hin zu Anbietern günstiger Baustoffe.
Im Übrigen steht der Autor gerne für Leseranfragen zur Verfügung: Thomas Drexel, Autor und Architekturfotograf, Am Fladerlach 9, D-86316 Friedberg, Tel./Fax 0821-6070874, thomas.drexel@t-online.de

ADRESSEN UND WEBSITES MIT INFORMATIONEN ZU KOSTENGÜNSTIGEM BAUEN, FINANZIERUNG UND FÖRDERMÖGLICHKEITEN

Bundesamt für Wirtschaft und Ausfuhrkontrolle (BAFA)
Förderung/u.a. als Zuschüsse für die Heizungsmodernisierung
Telefon: 06196-90 86 25 (Förderung Pelletheizungen)
oder 06196-90 83 72 (Kraft-Wärme-Kopplung)
www.bafa.de

Kreditanstalt für Wiederaufbau (KfW)
(vergünstigte Baukredite, u.a. für Wärmedämmung, Solaranlagen, Pelletheizungen etc.)
Palmengartenstraße 5–9
D-60325 Frankfurt a.M.
Telefon: 069-7 43 10 oder 0180 1-33 55 77
www.kfw.de

Schweizerisches Bundesamt für Energie
Beratung/Förderung im Bereich Energieeinsparung/ökologisches Bauen
Worblentalstraße 32
CH-3300 Bern
Telefon: 0041-(0)31-3 22 56 11
www.admin.ch.bfe

UmweltBank Nürnberg
u.a. vergünstigte Finanzierungen für nachhaltiges Bauen
Laufertorgraben 6
D-90489 Nürnberg
Telefon: 0911-5 30 81 05
www.umweltbank.de

Versandservice Verbraucherzentrale Bundesverband
Postfach 1116
D-59930 Olsberg
Telefon: 02962-90 86 47
versandservice@vzbv.de
www.vzbv.de
Verbraucherinformationen zu unterschiedlichen Themen, u.a. zum kostengünstigen Bauen

www.bauarchiv.de
insbesondere www.bauarchiv.de/neu/baurecht/_baugenehmigung.htm
Umfassende Website zu den verschiedensten Bau- und Architekturthemen, u.a. zum Thema Bauen + Geld (Baukosten, Honorarabrechnung, Fördermittel etc.)

www.bauen.de
Tipps und Hilfe unter anderem zu den Themen Finanzierung, Rechtsfragen und Vertragsgestaltung, Folgekosten, Baugeld-ABC und Finanzierungslexikon

www.baufoerderer.de
Beratungsforum für Bauherren (Baufinanzierung, Bauberatung, Baurecht, Baurechner für Fördermöglichkeiten etc.)

www.baulinks.de
Website mit zahlreichen Links zu Bezugsadressen für Baumaterial/Baustoffe, Preisangaben für Bauleistungen, Baukosten-Rechenmodelle zur Baukostenschätzung und Förderdatenbank

www.bau.net
insbesondere www.bau.net/forum/planung/
inklusive Frage-und-Antwort-Forum für Bauherren

www.bauordnung.at
Verzeichnis der Bauordnungen der deutschen Bundesländer, der österreichischen Bundesländer und der Schweizer Kantone

www.baurechtscentrum.de
Vertragsmuster- und Vorlagensammlung, Bauherrentipps, Gesetze und Verordnungen zum (kostenpflichtigen) Downloaden

www.energyagency.at/esf/index.htm
Website mit Link zu Energiesparförderungen und Energieberatung in ganz Österreich, mit Verzeichnis der Ansprechpartner auf Bundes- und Landesebene

www.heimwerker-webverzeichnis.de
u.a. zahlreiche Arbeitsanleitungen und Informationen zu nahezu allen Aufgaben beim Hausbau

www.help.gv.at
Behördenübergreifende Plattform zu Amtswegen in Österreich – in der Rubrik Bauen u.a. Informationen zu Baurecht und Bauordnung, Vorbereitung des Hausbaus, finanziellen Förderungen und Beihilfen

www.immowelt.de
Website zum Thema Bauen und Immobilienerwerb

www.oekostest.de
Sehr empfehlenswerte Homepage auch zu den Themen Bauen, Wohnen, Renovieren sowie zu Förder- und Zuschussmöglichkeiten (www.fdb.oekotest.de).
Aktuelle Testberichte über Baumaterialien und Produkte am Bau und im Wohnbereich finden sich darüber hinaus im Öko-Test-Magazin sowie in regelmäßig erscheinenden Öko-Test-Sonderheften.

UNTERNEHMEN

Betonwerk Büscher GmbH
(Betonfertigteile)
Hofkamp 34
D-48599 Gronau-Epe
Telefon: 02 56 5-14 22

Fa. Konak
(Anbieter Textilvlies f. Fassade)
Achstraße 6
A-6844 Altach
Telefon: 0043-(0)55 76-4 31 21
ahmet.kocagozeli@aon.at

Andreas Labonde
(Ofenbau)
Hügelhof 124
D-88634 Schönach
Telefon: 07 55 2-92 92 82

Fa. Leyrer + Graf BaugesmbH
(Maurerarbeiten)
Industriestraße 1
A-3580 Horn
Telefon: 0043-(0)29 82-36 46 20
horn@leyrer-graf.at

Lütkenhaus Hochbau, Stahlbetonbau GmbH
(Betonfertigteile)
Börnste 64
D-48249 Dülmen
Telefon: 02 59 4-9 40 20

Fa. Marwilit
Rita Bunke
(Trapezbleche, Faserzement-Wellplatten, Polycarbonatplatten etc.)
Heinrich-Haanen-Straße 16
Gewerbegebiet Heidenfeld
D-41334 Nettetal
Telefon: 02 15 3-95 21 12 oder 02 15 3-91 16 68
burita@t-online.de

Natur & Lehm
(Lehmprodukte und Lehmbauarbeiten)
Roland Meingast
Weilburgstraße 10
A-2500 Baden bei Wien
Telefon: 0043-(0)22 52-4 84 05 11
lehm@lehm.at

Fa. Proksch Weilguni OHG
(Zimmerei/ Holzbau)
Nr. 225
A-2084 Weitersfeld
Telefon: 0043-(0)29 48-82 29 15
office@proksch-weilguni.at

Franz Schmeing GmbH
(Bauunternehmen)
Am Aagarten 15
D-46342 Velen
Telefon: 02 86 3-53 16

LITERATUR

Thomas Drexel, *Häuser für junge Bauherren. Von der Idee über die Finanzierung und Planung zum eigenen Haus,* 2. Auflage, München 2003

Thomas Drexel, *Kleine Grundstücke optimal nutzen,* München 2005

Thomas Drexel, *Die neuen Öko-Häuser. Kostengünstig und zeitgemäß,* München 2004

Friedrich Grimm, *Einfamilienhäuser unter 250 000 Euro,* München 2004

Frank Littek, *Richtig sparen beim Bauen. Der clevere Ratgeber für den preisgünstigen Hausbau,* 4., überarbeitete Auflage, Taunusstein 2004

BILDNACHWEIS

Fotos:
Thomas Drexel, Friedberg/Bayern
S. 3, 16–21, 28–49, 68–73, 80–87, 88–93, 94–101, 108–113, 120–123, 124–129, 130–135
Archiv Architekten:
S. 22–27, 50-51, 54–67, 106, 114–119
Markus Tretter, Lindau:
Umschlagvorderseite, S. 15, 102–105, 107
Dieter Schewig, A-Horn: S. 52–53
Lukas Roth, Köln: S. 74–79
Luc Boegly, Paris: S. 136–141

Alle Pläne stammen von den Architekten

DANK

Der herzliche Dank des Autors gilt allen Eigentümern und Architekten der im Buch vorgestellten Häuser, deren Mitarbeitsbereitschaft und teils auch ganz praktische Gastfreundschaft das Gelingen des Buches erst möglich gemacht haben. Das hervorragende Layout von Susanne Ebersberger und die Arbeit des Programmleiters Roland Thomas sorgten für das gemeinschaftliche Gelingen des Werkes.

IMPRESSUM

Bibliografische Information Der Deutschen Bibliothek
Die Deutsche Bibliothek verzeichnet diese Publikation in der Deutschen Nationalbibliografie; detaillierte bibliografische Daten sind im Internet über http://dnb.ddb.de abrufbar.

3. Auflage 2006

Grafische Gestaltung: Susanne Ebersberger
Lithografie: Fotolito Longo, I-Bozen
Druck und Bindung: Printer Trento S. r. l., I-Trento
Printed in Italy

ISBN-10: 3-421-03483-4
ISBN-13: 978-421-03483-0